本书是江西省社会科学"十三五"规划项目《"一带一路"背景下江西国际媒介形象建构研究——以陶瓷文化传播为突破口》(17XW11)的学术成果;江西省高校人文社会科学研究项目《文化自信与民族复兴视角下景德镇"洋景漂"现象的传播价值研究》(XW18109)的学术成果;江西省文化艺术科学规划项目《"一带一路"视角下景德镇"洋景漂"题材纪录片的跨文化传播价值研究》(YG2018104)的学术成果。

多维度视域下中国故事表达与传播研究

王 敏◎著

北京工业大学出版社

图书在版编目（CIP）数据

多维度视域下中国故事表达与传播研究 / 王敏著. —北京：北京工业大学出版社，2022.7
　ISBN 978-7-5639-8403-9

Ⅰ. ①多… Ⅱ. ①王… Ⅲ. ①国家—形象—传播学—研究—中国　Ⅳ. ①D6 ②G206

中国版本图书馆 CIP 数据核字（2022）第 135142 号

多维度视域下中国故事表达与传播研究
DUOWEIDU SHIYU XIA ZHONGGUO GUSHI BIAODA YU CHUANBO YANJIU

著　　　者：	王　敏
责任编辑：	邓梅菡
封面设计：	知更壹点
出版发行：	北京工业大学出版社
	（北京市朝阳区平乐园 100 号　邮编：100124）
	010-67391722（传真）　bgdcbs@sina.com
经销单位：	全国各地新华书店
承印单位：	唐山市铭诚印刷有限公司
开　　　本：	710 毫米×1000 毫米　1/16
印　　　张：	11.25
字　　　数：	225 千字
版　　　次：	2023 年 4 月第 1 版
印　　　次：	2023 年 4 月第 1 次印刷
标准书号：	ISBN 978-7-5639-8403-9
定　　　价：	72.00 元

版权所有　　翻印必究

（如发现印装质量问题，请寄本社发行部调换 010-67391106）

作者简介

王敏，男，毕业于江西师范大学传播学专业，硕士研究生学历。现工作单位为江西服装学院，讲师职称，任网络与新媒体教研室主任，研究方向为跨文化传播。

前　言

中国故事的表达对于中华民族伟大复兴而言具有十分重要的意义。新时代，讲好中国故事的关键在于全面、准确地理解"对谁讲""讲什么""谁来讲""如何讲"等问题。当下中国迫切需要明晰"讲的对象"，讲有针对性的故事；精选"讲的内容"，讲有吸引力的故事；拓展"讲的主体"，讲有影响力的故事；聚焦"讲的方法"，讲有策略的故事。只有真正把落脚点放到讲好中国故事的"讲好"上，才能成功建构和传播良好的国家形象。而从讲的主体来看，除中国人讲述中国故事外，外国人讲述中国故事是一个不容忽视的方面，这也是本书重要的视角创新之处。本书围绕"多维度视域下中国故事表达与传播研究"这一主题，多角度全面分析中国故事表达元素，旨在更好地为传播中国故事提供经验和研究视角。

在撰写本书的过程中，笔者得到了许多专家、学者的帮助和指导，参考了大量的学术文献，走访了驻江西景德镇三宝国际瓷谷、雕塑瓷厂的外国艺术家和艺术家驻场机构，在此表示真诚的感谢。特别感谢笔者工作单位江西服装学院在笔者研究"江西国际媒介形象""洋网红""洋景漂"时设立的本科毕业设计专项项目，感谢笔者的学生周子婷、钟辰茜、王南的相关调研报告。

中国故事是近年来理论界研究的重点议题，不少学者已经在该领域发表了重量级的著作、论文等。本书紧紧围绕中国故事的表达元素和视角展开论述，部分研究对象或研究方式在可查证的文献中尚属首次，诸如对江西省国际媒介形象的调研、对江西景德镇"洋景漂"分布状况和存在原因的调研、"洋网红"与文化自信的关联研究等。一方面，新的研究对象和研究方式带来了成果上的创新；另一方面，由于笔者科研水平有限，部分内容可能存在疏漏。2017年至2020年间笔者因单位岗位调动频繁，导致书中部分文稿和调研是在2018年至2020年间断断续续完成的，部分数据现在看来的确需要更新。2020年后对于后疫情时代中国故事表述的重大环境变化也难免会有考虑不周之处，希望广大同行及时指正。

目 录

第一章　中国故事表达的重要性 ... 1
第一节　中华民族伟大复兴的必然要求 ... 1
第二节　中国国家形象建构的现实需要 ... 3
第三节　经济全球化背景下世界文化交融的客观结果 ... 11

第二章　中国故事的"他塑"与"自塑" ... 28
第一节　"自塑"与"他塑"视角下的中国国家形象研究现状 ... 28
第二节　外国传播媒介上的中国形象与中国故事 ... 31
第三节　中国人讲述中国故事取得的成就与存在的问题 ... 34
第四节　中国故事"他塑"与"自塑"案例研究：
　　　　江西国际媒介形象现状与建构路径 ... 39

第三章　国家形象建构视角下的外国人讲述中国故事 ... 66
第一节　外国人阐释中国形象简史 ... 66
第二节　新时期讲述中国故事的外国人群体 ... 74
第三节　在华外国人述说的真实中国 ... 76
第四节　量化研究视角：国家品牌和文化自信视角下的"洋网红"
　　　　现象研究 ... 87

第四章　外国人如何讲好中国故事 ... 110
第一节　以历史、现状与传播价值为视角的景德镇"洋景漂"
　　　　现象研究 ... 110
第二节　外国人讲述中国故事的途径 ... 131

第三节　外国人讲述中国故事需要注意的问题 ················ 138
　　第四节　外国人讲述中国故事的管理策略 ···················· 139

第五章　中国故事传播战略思考 ································ 145
　　第一节　中国故事对外传播战略 ···························· 145
　　第二节　中国故事对内传播战略 ···························· 159

参考文献 ··· 170

第一章　中国故事表达的重要性

本章主要从三方面对中国故事表达的重要性进行分析，即中华民族伟大复兴的必然要求、中国国家形象建构的现实需要、经济全球化背景下世界文化交融的客观结果等三个方面。

第一节　中华民族伟大复兴的必然要求

新时代中国取得的成就举世公认，习近平总书记在2021年全国"两会"期间谈道："70后、80后、90后、00后，他们走出去看世界之前，中国已经可以平视这个世界了，也不像我们当年那么'土'了……"此番话引起了国人的共鸣。但如果仅从国际媒体特别是西方媒体的报道内容来看，有不少媒体还没有"正视"中国，经常对中国形象肆意抹黑。中国故事的阐释代表着中国的软实力和话语权，它关系到我国的国际地位和国际影响力，关系到"两个一百年"奋斗目标和中华民族伟大复兴中国梦的实现。实现中华民族伟大复兴离不开对外开放和融入国际社会，随着中国国际地位的提升，其他国家对中国的发展理念和发展道路也更加关注。由于国家现实利益、社会制度、意识形态的差异，面对中国的崛起与复兴，有些人开始担心，也有一些人总是戴着"有色眼镜"看中国，外国媒介上的"中国威胁论""中国崩溃论"甚至"中国病毒"等论调屡见不鲜。还有一些人对中国改革开放以来取得的伟大成就视而不见、充耳不闻，却对抹黑中国乐此不疲，普通外国民众受其影响也对中国产生了较难消除的偏见。因此，中国有必要积极回应和重视国际社会的期待、好奇和疑问，向世界阐释当代中国的价值观、发展成就、发展理念和发展道路，即讲好中国故事。

明者因时而变，知者随事而制，2013年习近平总书记在8·19重要讲话中指出："要精心做好对外宣传工作，创新对外宣传方式，着力打造融通中外的新概念新范畴新表述，讲好中国故事，传播好中国声音。"①无论是学者还是媒介从业人员，都有责任对国家形象宣传工作进行有益探索，阐释好中国特色对于消除国际社会对中国的误解、误读、误判，阐明和平、发展、合作、共赢的外交理念。这对增强中华文化的吸引力和影响力，提升国家软实力，增强国际话语权，维护国家核心利益，实现中华民族伟大复兴具有重要而迫切的现实意义。

一、中国是世界经济增长和复苏的"新引擎"

习近平总书记在2018年6月中央外事工作会议上提出了一个重大论断，即"当前，我国处于近代以来最好的发展时期，世界处于百年未有之大变局"。②一方面，这个大变局可以理解为自2001年美国"9·11"恐怖袭击事件和2008年席卷世界的金融海啸起，世界经济力量和政治影响力对比发生了有利于包括中国在内的新兴国家的变化。另一方面，中国自身抓住了加入世贸组织后的发展机遇，在经济建设上取得了巨大成就，如"一带一路"倡议等国际合作给全球特别是广大发展中国家的发展提供了巨大的外溢红利。"十三五"期间中国年均经济增长率达到6.7%，高于世界经济平均水平3.9个百分点。2019年，中国国内生产总值接近100万亿元人民币，对世界经济增长的贡献率约为30%，人均国内生产总值突破1万美元。世界贸易组织发言人基思·罗克韦尔在日内瓦接受中央电视台记者专访时表示，"十三五"时期面对错综复杂的国际环境，中国始终支持以世贸组织为核心的多边贸易体制，推动贸易自由化和便利化，大幅开放市场，为世界经济注入强劲动力。目前大部分国家在经济领域都承认中国经济已经成长为世界经济增长和复苏的"新引擎"。

2020年之后面对新冠肺炎疫情（以下简称"疫情"），中国的高效应对和快速走出与西方发达国家"躺平式"抗疫情形成了鲜明的对比，全面小康社会的建成和国家治理体系进一步完善使得中国经济持续呈现出巨大活力，文化软实力进一步得到重视和提升。"人类命运共同体""新型大国关系""'一带一路'倡议"等一系列中国理念和中国主张获得世界积极回应。中国的发展潜力、创造活力势头强劲，在国际和地区热点问题上更多地听到了中国声音、中国倡议，中国故事的有效传播也需要和中国经济一样在国际舞台上发挥应有的作用。

---

① 习近平总书记在全国宣传思想工作会议上发表重要讲话[J]. 前线，2013（9）：4-5.
② 习近平总书记在中央外事工作会议上的讲话[J]. 创造，2018（6）：7.

二、习近平新时代中国特色社会主义思想对外宣传的需要

习近平总书记在中共中央政治局第三十次集体学习时指出，加强和改进国际传播工作，要用中国理论阐释中国实践，用中国实践升华中国理论，更加充分、更加鲜明地展现中国故事及其背后的思想力量和精神力量。当前，推动中国理论、中国思想走向世界，是新时代国际传播工作的重要职责和使命。目前和未来较长的一段时间内，面对疫情防控、全球气候变化、脱贫减贫、经济发展、恐怖主义与地区冲突等全球性的挑战，世界人民需要相互理解支持、携手应对，世界需要了解中国发展道路和中国治国思想理念。特别是构建人类命运共同体、弘扬全人类共同价值等理念，以及推动经济全球化、完善全球治理、践行"一带一路"倡议等政策主张需要被世界各国人民了解和支持。中国故事对外传播既是习近平新时代中国特色社会主义思想对外传播的要求，又是中国社会主义核心价值观对外传播的要求。

第二节　中国国家形象建构的现实需要

一、国家形象的释义

要探究"国家形象"的内涵，需要先从"形象"二字入手。顾名思义，形象即人对事物外表的简单认知，它是具体存在的。《关键概念：传播与文化研究辞典》一书中指出："形象是为了吸引公众而非复制现实，人为创造的某种人工制品或公共印象，它意味着其中具有一定程度的虚妄，以至现实难以同其形象相符。在这个基础上我们讨论某个消费品的形象或某个政治人物的形象。"[①] 英国文化研究的重要奠基人雷蒙·威廉斯早期对"形象"给出这样的定义："设想不存在的东西或者明显看不见的东西。"[②] 在中国历史上，形象起初是指人的面貌形态，后来经过演变具有了文学和绘画的含义。如"神用象通"一词源于刘勰的《文心雕龙·神思》，它近似于现代文学中形象的概念；而文学形象可以追溯至欧洲的文

---

① 约翰·费斯克. 关键概念：传播与文化研究辞典[M]. 2版. 李彬, 译. 北京：新华出版社，2004.
② 雷蒙·威廉斯. 关键词：文化与社会的词汇[M]. 刘建基, 译. 北京：生活·读书·新知三联书店，2005.

学理论,指用语言这种手段来展现文学作品的艺术形象,类似于柏拉图所说的"摹本"的概念。

在比较文学中,形象学最初源于法国影响研究,法文为"imagologie"。法国比较文学大师巴柔在《形象》中将形象学定义为:"在文学化,同时也是社会化的运作过程中对异国看法的总和。"① 这说明一个国家的形象在异国文学中的流变,通过文学中的异国形象了解民族与民族之间的互相观察、互相表述和互相塑造。另一法国学者让-马克·莫哈提出:"形象学所研究的一切形象,都是三层意义上的形象:它是异国形象,是出自一个民族(文化、社会)的形象,最后,是由一个作家的特殊感受创作出的形象。"② 具体来说,文学形象学与传统的形象学研究不同,它关注的是"异国"形象的塑造与建构,以及这一形象是如何产生的、背景是什么、造成了怎样的影响。形象学随之不断完善,涉及领域也愈加广泛,其中包括国际关系、心理学、社会学、传播学等。正因为形象学的跨学科性,其具备了多指向、多维度、多范畴、多关联的研究特性,同时也为国家形象的研究与探讨提供了理论视角。

1959年美国学者肯尼斯·博尔丁最先提出"国家形象"这一概念,在他看来,国家形象是一个国家对自己的认知和国家关系中其他行为体对其认知的观念结合。赫尔曼在博尔丁的基础上进行了发展,"将他国形象划分为七类,分别是敌人形象、野蛮人形象、帝国主义形象、殖民地形象、堕落者形象、无赖形象、联盟形象"。③

20世纪90年代,美国研究者巴洛古对国家形象做出相对明确的定义,他提出国家形象是"对一个国家进行总体认知和感受,继而进行的评估,是一个人在这个国家所有变量因素的基础上,对这个国家所产生的总体印象"。美国关于"国家形象"研究基于冷战时期的国际环境和背景,但随着经济发展的需求,国家形象被部分西方研究者纳入品牌的层面,指出在一定程度上国家形象就是国家品牌,只是侧重点是国家品牌在市场竞争中的地位。美国著名的经济学家杰弗里·萨克斯认为,"商业里'原产国效应'就是国家品牌形象在消费者印象里的具体体现"。④

此外,依据肯尼斯·博尔丁对国家形象内涵的界定,一国的国家形象,即一个国家广泛意义上的国际形象,是由其自我认知所塑造的对外形象和国际社会依

---

① 孟华. 比较文学形象学[M]. 北京:北京大学出版社,2001.
② 孟华. 比较文学形象学[M]. 北京:北京大学出版社,2001.
③ 白文刚. 美国"衰落焦虑"与中国对美传播的话语创新[J]. 现代传播,2019(7):42-48.
④ 陈世华,韩翠丽. 对外出版与国家形象传播[J]. 编辑之友,2012(9):79-81.

据其自身认知所塑造的形象共同构成的。地区国际形象是国家形象的重要组成部分,也应包括自塑形象和他塑形象两部分。地区国际形象影响着该地区的对外旅游、外商投资、产品出口及地区目标的实现。比如,按照江西省在2021年提出的"精心讲好江西故事、彰显江西作为、展示江西形象,为描绘好新时代江西改革发展新画卷"的宣传工作要求,江西省就应该积极借助官方活动及日常纸媒、网媒等渠道打造其地区形象。因此,作为地区而言,江西对国际形象建设也有着迫切的理论和实践需求。

近年来,国家形象因其重要的时代性和战略性,成为国内学界研讨的重要话题,国内学者在新闻传播、国际政治等范畴内对"国家形象"的概念从多种角度进行了研究。孙有中认为国家形象可分为国内形象和国际形象,"国家形象是一个国家内部公众和外部公众对该国政治(包括政府信誉、外交能力与军事储备等)、经济(包括金融实力、财政实力、产品特色与质量、国民收入等)、文化(包括科技实力、教育实力、文化遗产、风俗习惯、价值观念等)、地理(包括地理环境、自然资源、人口数量等)等方面的认识和评价"[①]。中国国家形象指的是中国特有的国家形象,体现在中国的方方面面,如政治、经济、文化、环境、国民形象等,它是基于国内外民众对中国的多方面认知和了解给出的综合性评价。

二、国家形象的建构

中共中央政治局第十二次集体学习时,习近平总书记明确强调:"要注重塑造我国的国家形象,提高国家的文化软实力。"我们应该认识到,中国形象的不断完善是国家必经的历史过程,也是党和人民的历史使命。国家形象并不是虚无缥缈的,而是所有人都能够看到的,应该说人们可以通过多种方式与载体看到一个国家的形象,比如通过外交、文艺作品等。

一个国家最具有国际竞争力和软实力的手段就是国家形象。范红等认为,"对国家形象的认知是总体性的,但不是单维度的,而是多维度的。调研表明,决定国家形象的最主要认知维度是政府维度、企业维度、文化维度、景观维度、国民维度、舆论维度六个维度"[②]。

"文明大国形象""东方大国形象""社会主义大国形象"是习近平总书记为塑造中国形象指出的方向。政府形象往往在国际交流中代表国家形象,如国家首

---

① 孙有中. 国家形象的内涵及其功能[J]. 国际论坛, 2002 (3): 14-21.
② 范红, 胡钰. 论国家形象建设的概念、要素与维度[J]. 人民论坛·学术前沿, 2016 (4): 55-60.

脑的个人形象、公务员廉洁程度、政府工作效率等。比方说"第一夫人"外交形象代表着一个国家的形象窗口，既展现着"第一夫人"的个人风采，也展示了国家间的政治和外交、经济和社会的发展形象。例如，金正恩担任国家元首后，朝鲜"第一夫人"李雪主陪同金正恩出席国内活动已成为一种常态。这与此前不为外界所知的朝鲜"第一夫人"迥然不同，让世界看到了朝鲜的新面貌。我国"第一夫人"彭丽媛跟随习近平总书记参加国际外交活动，向世界宣传和平、公益等理念，展现出良好的形象魅力，让世界感受到自信、文明的中国形象。

在全球语境下，品牌形象是国家形象建构的又一着力点，许静指出，"要将品牌资源转换为品牌资产，以争取民意的关注、赞赏和支持，建构强有力的品牌国家形象"[①]。改革开放后中国的商品源源不断地走出国门，"中国制造"（Made in China）的标签引发了全球关注，越来越多的中国品牌被外国人接受和喜爱，我国品牌力在国际上的公认程度日渐提高。

品牌形象自身的建构是一项持久的工程，并不能一蹴而就，日本企业利用品牌力塑造良好国家形象的做法值得我国借鉴与吸收。21世纪初，日本企业在华形象一直评价不高，因此日本政府和民间团体积极采取措施来改善日企在中国的形象，他们不仅举办了大量文化交流活动，还邀请中国学生去参观日本企业。这个工作持续了十多年之久，在日复一日的努力下，日企在华形象不断好转，并取得较好的经济效益。

文化形象属于国家形象的主要组成部分，范红等指出，"国家文化的积淀是国家形象差异化的根本原因，能否树立好国家的文化形象，对树立好国家形象至关重要"[②]。美国好莱坞电影连续多年创下我国高票房纪录，漫威系列电影《复仇者联盟》《绿巨人》《美国队长》等备受观众追捧。这类影片套路虽老旧，但是使美国精神、美国科技在影片中多次呈现，观看过程中不知不觉将美国国家形象植入观众内心。经历第二次世界大战后，日本的国家形象一落千丈，但其在转型文化大国道路上经过一系列尝试，最终成为世界上最受欢迎的国家之一。如2013年日本成立的"酷日本机构"是一个对外传播、推介日本动漫和游戏产品及日本文化的机构。日本动漫依托几十年来的积累与创新，已将其传播范围扩及全球，成为日本文化国际影响力的来源之一。

---

① 许静.以品牌国家策略建构国家形象[A]//范红,胡钰.国家形象多维塑造.北京：清华大学出版社,2017：59-61.
② 范红,胡钰.论国家形象建设的概念、要素与维度[J].人民论坛·学术前沿,2016（4）：55-60.

多维塑造的国家形象，能促使一个国家在自身形象的建构和传播过程中发挥出巨大能量。大众传媒是呈现国家形象的主要手段，目前国际上主要有"自塑"和"他塑"两种塑造或建构国家形象的方式。欧阳辉认为国家形象的塑造主要有两种形式："一种是作为传播主体的自我形象塑造，另一种是作为传播客体的他者形象塑造。自塑犹如自我独白，他塑则像一面镜子折射他者认知。"[1] 复旦大学孟建认为，中国国家形象的塑造呈现出严重的"他塑"现象，在中国国家形象"自塑"的过程中，存在着主体性缺失和跨文化传播乏力甚至错位等诸多问题。[2] 虽然目前国际上中国形象的建构以"他塑"方式为主，但也有不少"他塑"的中国形象有了中国力量的参与。比如由会林文化基金赞助、北京师范大学中国文化国际传播研究院主办的"看中国·外国青年影像计划"，是不同国家的年轻大学生导演齐聚中国，编成不同小组，再分别编入中国学生，按照计划分散在各个城市去拍摄中国城市的一角。这种体验式拍摄有利于让他们更直观地了解当地的文化，拍摄出更为地道的影像。这种影像中会潜移默化地融入中国学生对自己国家的认同感，但呈现者是以"他者"视角切入塑造我国国家形象的。这种国家形象建构的多维度和跨文化视角值得深入研究。

三、中国故事表达的迫切性

（一）中国形象建构在国际上的要求

1. 和平与发展的时代主题的要求

在国际竞争中，主权国家可以通过武力和说服两种方式维护国家利益。在20世纪以前，武力是解决国际争端的首选方式。第二次世界大战之后，人类认识到战争的巨大破坏性，签订契约共同守卫世界和平，于是说服等软实力手段成为国际社会解决国家利益冲突的主要途径，新闻媒介在国际关系中扮演的角色愈发重要。如今，新闻媒介不仅是国家与国家之间的政治、经济博弈渠道，也是各国民众之间沟通的桥梁。

当今世界霸权主义、强权政治、贸易保护主义虽有所抬头，因领土、宗教、民族等问题引发的地区动荡与冲突也仍然存在，但和平与发展的主题没有发生根本上的变化。当今国际政治的另一特征是新兴国家的崛起。中国积极融入经济全球化的浪潮，中国崛起势不可挡。西方世界视中国为威胁、为挑战，采取遏制战

---

[1] 欧阳辉. 国家形象何以自塑与他塑[N]. 学习时报，2019-04-15.
[2] 孟建，于嵩昕. 国家形象：历史、建构与比较[M]. 南京：江苏人民出版社，2019.

略压制中国发展；而新兴国家的态度则是好奇，反而以更欢迎的态度拥抱中国。20世纪中后期，许多亚非拉国家完成了工业化，逐步探索市场化道路并取得了经济发展。21世纪，"金砖五国""新钻十一国""展望五国"的出现使工业化和现代化辐射到亚非拉全部地区。在西方资本主义国家经济增长进入疲乏期的当下，新兴国家正迎来经济发展的黄金时期，特别是中国、印度、巴西等国家以人口优势和资源优势实现经济快速发展，将对当前国际格局和国际权力产生深刻影响。其中部分新兴国家已经成为地区权力中心或具有巨大的发展潜力。

新兴国家的崛起势必带来旧秩序和旧权力的失落，而现今世界霸权战争的成本过高，用武力手段解决权力之争的可能性较小，世界舆论成为新的国际战场。在现代化的道路上，相似的文明会寻找认同，甚至聚合力量。新兴国家处于学习新技术以跻身现代化的阶段，他们和中国的发展模式相似，即利用贸易红利和对外开放促进经济腾飞，因此新兴国家对中国模式的态度是向好的。新兴国家在安全和经济上的相互依存程度越高，越能形成良性的互动模式和健康的结构。再加之亚非拉地区许多国家的反殖民与民族独立历史与中国历史有相似性，中国故事的传播相对容易。

2. 全球化问题的凸显需要大国担当

随着经济全球化的逐步深入，经济全球化带来的问题也日益明显。当前，比较明显的问题有恐怖主义、环境污染、公共卫生安全、网络安全和人口"爆炸"等。这些问题具有三方面的特点：第一，跨国性。全球性问题，如埃博拉病毒、新型冠状病毒等是全球都要面对的问题。第二，突发性。经济全球化带来的问题是难以被预测的，比如恐怖主义活动，不但具有特别大的危害，还难以被提前得知。第三，不确定性。全球性问题的这一特点是指一个问题可能会导致另一个问题的发生，比如腐败问题会导致社会暴乱问题的发生。

联合国的日常议题中既包括民主、法律、人口、健康等传统问题，也出现了许多新型的全球化问题，比如数据创新促进发展、移民、海洋和海洋法、性别平等、消除贫困等。《2019年人类发展报告》指出，人类发展的不平等是21世纪需要面对的全球性议题。虽然与剥削相关的人类基本能力不平等正在减少，但高级能力的不平等不断增加，比如收入与财富的不平等问题、社会权力与性别之间的不平等问题及生态环境治理中的不平等问题等。面对这些问题，全球治理应当将人类诉求作为善治的出发点，而不是以单一国家利益为出发点。有效的全球治理模式需要平衡国家利益中的自我与他者，需要确立超国家的视角和目标。从当前全球问题的治理情况来看，西方模式稍显乏力，中国道路、中国方案、中国智慧获得更多的关注。特别是联合国将人类命运共同体倡议写入联合国的多个决议和文件之中，体现出中国积极参与国际治理、推动和平发展的决心和能力。对外"讲好中国故事"就是要向世界展示中国发展的实际情况，讲清楚中国的历史、现实与未来，让中国方案得到国际社会更多的信任和支持。

3. 中西方意识形态冲突未减

冷战之后，国际关系中强调以国家利益为核心，经济全球化使国家间交往更为亲密，意识形态问题看似被"边缘化"，但国际交往的动态仍然反映出国家的价值判断和价值选择。这其实是意识形态问题从对抗性向非对抗性的转变。在旧秩序的影响下，国际话语体系仍处在失衡的状态。西方国家试图主导经济全球化的走向甚至鼓吹逆全球化，他们在全球范围推行自己的政治主张，批评指责甚至干涉其他国家尤其是发展中国家的政治发展；他们有意以西方文化价值观念否定其他民族文化，推行文化霸权；他们不顾本国资本主义发展过程中的污染事实，对外转嫁环境污染责任；他们干预国际规则的设置，操控安全议题的设置，给世界和平发展增加不安全因素。

西方中国观的变化反映出国际意识形态冲突的新特征。西方资本主义国家将自由、民主、平等归为西方政治文明的独有成果，并试图将中国塑造成封建、贫穷、落后的形象。

21世纪以来，中国特色社会主义道路得到了越来越多的理解，中国在经济领域的成就得到了广泛的国际认可，中国所倡导的合作共赢理念得到了支持，在面对全球治理问题上的中国智慧和中国方案得到肯定。这打破了西方资本主义国家垄断国际意识形态话语权的美梦，并且给他们带来了恐慌。西方国家有选择性地解读中国问题，这更加巩固了海外民众对中国的"刻板印象"。在中国经济问题上，尽管中国向世界敞开怀抱，带动了世界经济的复苏和增长，但西方国家将中国物美价廉的商品视为恶意倾销。在中国文化问题上，西方学者认为中国文化软实力的增强会威胁西方国家利益，因此大量孔子学院被关停。

西方社会对中国特色社会主义市场经济、中国特色社会主义民主制度的误解至今仍未消除，长期以来，中国被打上一些负面的标签。一方面，这源于中西方意识形态的冲突，并且国外民众因为文化惯性导致认知偏离。另一方面，是因为中国自身对外话语不够通畅，话语权较小，海外宣传旗舰媒体较少，对海外受众文化、心理的关注不够，在某种程度上导致对外宣传工作"宣传腔"过重、针对性不强。

（二）中国共产党人对外"讲好中国故事"的要求

对于中国共产党人而言，中国人民的利益永远是第一位的。讲好新时代的中国故事，核心是要讲好中国人民在中国共产党的带领下走中国特色社会主义道路的故事。媒体在讲述中国故事时必须牢记用中国理论阐释中国实践的原则，做好重大主题、时代主题的传播工作。在传播渠道上要有突破，互联网影响力与日俱增，信息的全球化程度越来越高，讲述中国故事必须结合互联网媒体才能赢得主动。在传播主题上既要有理论的高度，也要有现实的维度，还需要顾及海外关切度。在传播的尺度上需要把握好"中国芯"与国际形势的关系，把握好中国话语体系与国际传播规律的关系，把握好主动传播与"借船出海"的关系。

如今中国特色社会主义建设进入新时代，我国的综合国力显著增强。我国生产力大发展筑牢物质基础，为世界经济发展做出巨大贡献。2020年，中国吸引外国直接投资（FDI）居全球之首。在新型冠状病毒肺炎疫情的冲击下，我国扎实做好"六稳""六保"，经济发展稳中求进，国内生产总值达101万亿元，居世界第二位，对全球经济贡献率约为16.34%。中国连续11年位居世界第一制造业大国，连续6年新能源汽车销量蝉联世界第一，新能源、芯片、5G等产业拥有巨大的发展潜力，工业和信息化发展成果颇丰。数字经济带来经济发展新动能，在2020年前三季度的GDP增长中贡献率近九成。当前我国数字经济发展规模位居世界第二位，网络销售连续8年排名第一，"互联网+政务"迈入全球领先行列。我国脱贫攻坚战取得圆满胜利，在现行标准下9899万农村贫困人口全面实现脱贫，为世界消除贫困做出巨大贡献。

我国科技创新硕果累累，创新驱动发展取得良好效果。经过多年积累，我国基础科研能力和高技术研发水平大幅提高，我国已经成为具有重大影响力的科技大国。2020年，中国全球创新指数（GII）排名第14位，在发展中国家中排第1位，中国特色社会主义科技强国建设取得新进展。2019年我国科研成果丰硕，国际科技论文数量、高被引论文数量均位居世界第2位，国内发明专利授权量居世界首位。重大科研成果不断涌现，我国科学家构建76个光子量子计算机原型机"九章"，我国首次实现月球轨道交会对接，"长征八号"运载火箭成功发射，研发"嫦娥四号"探测器、"北斗三号"全球卫星导航系统等。产学研合作盘活科创资源，形成更大合力，助推科研成果转化取得很大成效。

此外，我国坚持生产关系与生产力相适应、相协调。我国全面依法治国取得重大进展，全面从严治党取得重大成果，全面深化改革取得历史性的伟大成就，全面建成小康社会取得决定性成就。中国的发展给新兴国家走向现代化提供了新的途径，中国提出的人类命运共同体理念、正确的义利观、新型国际关系等受到国际社会的关注、尊重和认可。

第三节 经济全球化背景下世界文化交融的客观结果

一个国家的文化是影响其发展水平与方向的重要因素。经济全球化背景下，各国文化的相互交融与多元化发展对于个人与国家的影响日益增强，为了更好地讲述中国故事，不能忽略不同文化的影响。

一、关于文化的一些思想

（一）马克思、恩格斯的文化思想

习近平指出："学习马克思，就要学习和实践马克思主义关于文化建设的思想。"① 虽然"文化"这一词汇在马克思和恩格斯的经典著作中鲜有提及，在《马克思、恩格斯全集》中也仅共计出现过320余次，但是马克思、恩格斯的学说中包含着深邃的文化思想早已是学界的共识。马克思、恩格斯从"现实的人及其生活"出发来理解文化，创立了唯物辩证的文化观。在马克思、恩格斯看来，文化是作为主体的人通过一系列社会实践改造自然界而不断实现自身价值的过程，它既受到客观物质条件的支配，同时自身又具有相对独立性。

1. 文化的经济决定性与相对独立性

马克思和恩格斯对于文化的解读，是在"物质决定意识"这一唯物论的根本解释原则下阐发的。在《德意志意识形态》中，马克思、恩格斯指出文化不仅是自然界的产物，就其本质来说更是人类社会的产物。这主要表现在：首先，观念文化是人的物质活动的直接产物；其次，思想、观念、意识等文化现象是随着现实生活的变化而变化的；最后，文化现象只有置于社会生活领域才能得到科学的解释和说明。②

在对"文化根源于社会生活"这一认识前提做了必要说明之后，马克思、恩格斯进一步系统阐述了文化自身的发展规律。一方面，马克思和恩格斯的文化思

---

① 习近平. 在纪念马克思诞辰200周年大会上的讲话[N]. 人民日报，2018-05-05.
② 陈前进. 受益一生的600个哲学常识[M]. 天津：天津科学技术出版社，2012.

想强调经济基础对文化的决定作用。"经济基础具有决定性"的观点是马克思、恩格斯文化观的基石。恩格斯在1890年《致约·布洛赫》的信中指出："经济状况是基础。"① 根据马克思和恩格斯的观点，人类社会所产生的各种不同文化，其背后都有着共同的基础——物质生产活动或经济基础，文化只能是处于一定历史阶段的人们的生产实践的产物。同时，文化发展规律还受到经济发展规律的支配，这具体体现为经济基础决定着文化的性质、状况及其变革的走向。

另一方面，马克思、恩格斯也十分重视对"文化相对独立性"理论的阐释，从而避免使自己的理论造成"经济决定论"的误解。首先，在马克思、恩格斯看来，文化的相对独立性表现为文化的历史继承性。文化一经形成，就会成为一种稳定、持久的认知模式和行为模式，并随着人类的世代繁衍而不断传递下去。此外，每个时代的文化创造也都是在继承前人的"思想材料"的基础之上向前推进的。其次，文化的相对独立性表现为文化水平与经济水平不具有完全一致性。恩格斯所说的演奏文化上的"第一小提琴"，就是指文化的发展状况与经济水平有时候并不总是完全一致的。最后，文化的相对独立性还突出表现在文化的反作用上。文化虽然依存于社会，但是又能对其施加能动的影响。当一种文化符合生产力的发展要求时，就会作为强大的精神力量推动社会进步；反之，则会成为阻碍社会进步的消极因素。

2. 文化的阶级性和民族性

文化的阶级性和民族性是马克思、恩格斯文化思想的重要内容。马克思指出："统治阶级的思想在每一时代都是占统治地位的思想。"② 统治阶级在物质生产领域占据统治地位的同时，也统治着社会的精神生产，以便通过文化的社会整合功能达到将本阶级的利益说成是全体人民共有利益的目的。因此马克思和恩格斯着重强调，无产阶级在谋求彻底的政治解放的同时，还要谋求彻底的文化解放，建设真正反映无产阶级利益诉求的文化，彻底破除资产阶级施加在无产阶级头脑中的"精神枷锁"。关于文化的民族性，唯物史观认为，文化的民族性即文化的差异性取决于各个民族独特的自然环境、生产方式、生活方式等因素的总和，而各个民族独特的历史文化又反过来对该民族的社会发展产生深远、持久的影响。在阐述文化民族性的同时，马克思、恩格斯还在《共产党宣言》等著作中提出了"世界市场"理论，深刻预言了文化全球化的历史趋势。

---

① 马克思，恩格斯. 马克思恩格斯选集：第4卷[M]. 北京：人民出版社，2012.
② 马克思，恩格斯. 马克思恩格斯选集：第1卷[M]. 北京：人民出版社，2012.

3. 文化的主体性和价值性

马克思、恩格斯十分重视对人在文化活动中的主体性的确证，将文化活动视作人能动地创造自我、发展自我的过程。马克思指出："动物和它的生命活动是直接同一的，而人的生命活动有着很强的主观性和意识性。"① 同时在马克思、恩格斯看来，人民群众是文化的创造者，也应当成为文化的受益者。马克思尖锐地批判了资本主义社会这样一个现实：无产阶级作为社会精神产品生产的主体，却被资本家剥夺了自由从事文化生产的权利。马克思的观点是，人作为"类存在物"，应该有充足的时间来进行家庭活动、娱乐活动、文化活动等有利于自我提升的自由活动，即执行自己的"人类机能"。文化生活作为人类所特有的活动之一，是人类区别于动物、高贵于动物的主要体现，也是人提升自身素质、走向精神自由的重要手段。正如恩格斯所说："文化上的每一个进步，都是迈向自由的一步。"② 故而，文化建设的根本价值就在于提供一个能够丰富人的精神世界、促进人全面而自由发展的文化环境，用先进的、强大的文化浸润人心。

（二）中华优秀传统文化的思想精髓

1. "阴阳相生"的思想

几千年的中国文化包含着"对立统一"的思想，正所谓阴阳相生，任何事物都同时具有正面反面、阴面阳面的双重性。太极八卦图就是将阴阳视为一体，两者相互依存、此兴彼衰、相互演进、生生不息。

2. "民为邦本"的思想

"民为邦本"的思想传统涵养了习近平总书记新时代文化建设思想中以人民为中心的价值导向。传统民本思想中符合时代精神话语表达的部分，被作为优秀传统文化坚定继承者的中国共产党人和中国人民继承和发扬，并在新时代文化建设的具体行动中予以彰显。习近平总书记指出，要把满足人民精神文化生活需要作为社会主义文化建设的根本价值追求，"不断满足人民日益增长的物质文化需要"③。

3. 自强不息的民族气质

"自强不息"的民族气质为文化建设坚定文化自信提供了重要定力。中华民

---

① 马克思，恩格斯. 马克思恩格斯选集：第1卷[M]. 北京：人民出版社，2009.
② 马克思，恩格斯. 马克思恩格斯选集：第1卷[M]. 北京：人民出版社，2012.
③ 习近平. 习近平谈治国理政：第二卷[M]. 北京：外文出版社，2017.

族自古就是崇尚自强的民族,《周易》有云:"天行健,君子以自强不息。"① 可见,中国古代先贤就十分重视自强人格的养成,并将其作为君子修身的首要品质。纵观中华民族几千年的文明史,正是这种融于血脉中的刚健奋发的民族秉性,才使得中华民族历经几千年沧桑巨变依然昂首屹立,中华文化历经无数磨难依然熠熠生辉。习近平总书记指出:"自强不息、厚德载物的思想,支撑着中华民族生生不息、薪火相传,今天依然是我们推进改革开放和社会主义现代化建设的强大精神力量。"② 正是出于对中华传统文化中"自强不息"的民族精神的自觉认识,习近平总书记在领导社会主义文化建设中始终强调要坚持对中华文化的高度自信,并为建成社会主义文化强国而不懈奋斗。

4. 革故鼎新的创造精神

"革故鼎新"折射着中华民族古老而又深刻的辩证思维和创造精神,为习近平总书记加快推进文化体制机制改革提供了重要的思想启迪。"革故鼎新"最早出自《周易》:"革,去故也;鼎,取新也。"③ 在中国古人传统的宇宙观中,四时万物的生成源于天地之间的相互交感。由此延伸到社会历史领域,社会的发展也要不断变革,以达到顺天应人。习近平总书记关于文化建设的重要论述中蕴含着丰富的创新思维,深刻体现了中华民族传统的创新精神。习近平总书记指出,中国人民是具有伟大创造精神的人民,"革故鼎新、与时俱进是中华文明永恒的精神气质"④。新时代进行社会主义文化建设,必须勇于推进文化领域的全面深化改革,促使社会主义文化事业和文化产业发展迸发活力。

5. "天下为公"的思想

比较中、苏两个社会主义国家,同为信仰马列主义的共产党,为什么在长期执政演进过程中却出现两个完全不同的结果呢?其实答案就在中华文化"天下为公"的思想中。一代又一代的中国共产党人,在坚持马克思主义的基本原则上,无不以源远流长的"天下为公"思想为执政者的境界和追求,从不追求个人和党的特权私利,坚决防止党员背心离德、忘记初心,坚决与各种贪污腐败做斗争,防止党退化为谋一己私利的利益团体。江山就是人民,人民就是江山。中国共产党不仅为中国人民打下了江山,用自己的初心和使命为中国人民守好江山,而且也团结和带领全国各族人民建设好江山。

---

① 杨天才. 周易[M]. 北京:中华书局, 2011.
② 习近平. 习近平谈治国理政:第二卷[M]. 北京:外文出版社, 2018.
③ 中华书局. 周易[M]. 北京:中华书局, 2011.
④ 杨天才. 习近平谈治国理政:第二卷[M]. 北京:外文出版社, 2020.

6. "仁义礼信"的道德精髓

"仁义礼信"作为中华民族的核心价值取向，为社会主义核心价值观建设提供了道德资源。所谓"仁"，就是讲仁爱。在儒家思想体系中，"仁"是核心，是传统道德规范的最高境界。儒家主张"仁者爱人"的价值原则，提倡世人讲求仁爱、立己达人。所谓"义"，就是崇正义，"义"是中国古人对于如何处理社会关系的核心准则。儒家和墨家都推崇正义，孔子认为："君子义以为上。"[①] 孟子从道德出发，把正义和人的仁爱品德联系起来，提出君子应当"居仁由义"[②]。墨子把义作为道德的至高标准，主张"不义不富，不义不贵，不义不亲，不义不近"[③] 的义利观。传统文化中的"礼"是一个内涵丰富的概念，儒家明礼思想既主张通过遵守礼仪形成内心的道德自觉，主张"克己复礼"，同时又把礼视为社会制度规范。所谓"信"，就是守诚信。《孟子》曰："诚者，天之道也；思诚者，人之道也。"主张将诚信作为人的立身之本。"讲仁爱、重民本、守诚信、崇正义、尚和合、求大同"[④] 是习近平总书记对优秀传统文化的精髓所做出的高度凝练，对于进一步发挥其对社会主义核心价值观的涵养功能具有重要指导意义。

7. 崇尚和合的开放胸襟

"尚和合、求大同"的价值取向是中华文化所独有的。中华民族历来是爱好和平的民族，早在先秦时期，诸子就曾提出："百姓昭明，协和万邦。"（《尚书·尧典》）[⑤] 可以说，和合思想涵养了中国文化绵延千年的文化生命与海纳百川的文化自信。大同理想是中国文化独特的价值理念和特有的精神标识，远可追溯到《诗经》中的"适彼乐土"，近有孙中山的"天下为公"，对大同社会的追求是历代先贤的毕生理想。习近平总书记在联合国日内瓦总部高级别会议上呼吁："'和羹之美，在于合异。'人类文明多样性是世界的基本特征，也是人类进步的源泉。"[⑥] 不同国家之间的文化差异不应该成为制造冲突和对抗的理由，而应当在尊重彼此差异的基础上实现共同进步。提倡不同文明之间求同存异、交流互鉴，并以文化为纽带构筑人类命运共同体，共同应对全球化带来的挑战，一直是习近平总书记在对外文化工作中所极力倡导的理念，也是其孜孜以求的目标。

---

① 肖卫. 论语[M]. 北京：中国文联出版社，2016.
② 孟子及其弟子. 孟子[M]. 北京：中国文联出版社，2016.
③ 墨子及其弟子. 墨子[M]. 北京：中华书局，2015.
④ 习近平. 习近平谈治国理政：第一卷[M]. 北京：外文出版社，2018.
⑤ 王世舜，王翠叶. 尚书[M]. 北京：中华书局，2012.
⑥ 习近平. 习近平谈治国理政：第二卷[M]. 北京：外文出版社，2017.

传承本身就是一种建设。对于民族文化传统的传承和优秀传统文化当代价值的思考与挖掘，其本身就是在新的历史条件下对如何推进社会主义文化建设的探索。中华优秀传统文化对社会主义文化观的影响应该不仅体现在话语表达上，更应该厚植于文化思想内核之中。习近平总书记十分肯定优秀传统文化对于新时代文化建设的价值，多次强调要注重提炼传统文化的精髓，使之为社会主义文化建设服务。

8. 逆向迂回思维的影响

逆向迂回思维是中华民族擅长的思考问题方式。"上善若水，水善利万物而不争，此乃谦下之德也；故江海所以能为百谷王者，以其善下之，则能为百谷王。"[①] 坚持逆向思维，就是退一步海阔天空，选择新的角度、新的时机、新的方式，适应和探究事物的发展规律，然后依照规律行事直至成功。如建党百年历程中，中国共产党的一些政策、措施和举措的制定都坚持了逆向思维，都从找不足、找差距开始，再总结、探寻朝哪个方向走、应该怎么走。

（三）中华人民共和国成立后的文化指导思想

一部中华人民共和国史，亦是一部社会主义文化发展史。党的十八大之前，中国共产党的几代领导集体在探索社会主义文化建设的过程中，围绕社会主义文化建设的重要地位、基本原则和基本方针以及价值取向等形成了丰富的理论阐述。习近平总书记关于文化建设的重要论述，与党的前几代领导集体关于社会主义文化建设的理论成果是一脉相承的。了解中华人民共和国成立后的思想文化走向，有利于更好地阐述中国故事。

1. 社会主义文化建设有着重要地位

中国共产党历来重视文化的重要作用，党中央近年来对于文化建设的强调程度越来越深，这体现在中华人民共和国历代领导人的相关思想中。在不同的时代背景、不同的国情下，我国领导人对于文化的侧重点有所不同，但是他们都对于文化建设的重要性给予了肯定。我们可以来看一看党的领导集体关于文化的认识。

关于文化建设的重要性，毛泽东同志在深刻把握文化与政治、经济之间辩证关系的基础上，指出文化既反映着一个社会的经济斗争和政治斗争，同时又能给予其指导。[②] 基于这一科学认识，毛泽东同志认为文化对于社会发展有着无可替代的重要意义，强调文化建设不仅关乎社会主义工业化能否顺利实现，更决定着

---

① 老子. 道德经[M]. 北京：团结出版社，2018.
② 毛泽东. 毛泽东文集：第七卷[M]. 北京：人民出版社，1999.

新生的社会主义能否实现完全的民族独立。基于这样的判断，毛泽东同志提出社会主义文化建设不仅要重视提高人民的文化水准，而且要大力发展现代化的科学技术。

邓小平同志认为，文化建设之所以具有重要地位，既是文化的先进性是社会主义制度的优越性的重要体现，还表现在其对于物质文明以及社会主义现代化建设的促进作用上。对此邓小平同志提出，一方面要将以经济建设为一切工作的中心作为文化建设的根本指针，另一方面强调要坚持物质文明与精神文明齐抓并进、共同发展。[①]

江泽民同志文化建设思想对文化重要地位的阐述集中体现在"文化国力论"上。进入世纪之交，江泽民同志通过对国内外形势的深刻研判，提出文化已经日益成为决定一个国家国际影响力的关键因素，将文化建设提升到了关乎国际竞争的战略高度上。对此江泽民同志强调，面对在综合国力竞争中必须掌握文化发展先机、赢得战略主动的国际形势，面对思想文化领域暗流涌动对筑牢意识形态防线提出的更高挑战，面对丰富人民文化生活、推进小康社会建设的发展之需，必须认识到文化建设的紧迫性。正是由于文化建设在提升我国综合国力中能起到重要作用，以江泽民同志为代表的党的第三代领导集体提出，要大力加强思想道德建设以增强民族凝聚力，坚定实施科教兴国战略以提升民族创造力，积极发展文化事业和文化产业以提升国际竞争力[②]。

提出和谐文化思想，是胡锦涛同志的文化建设思想的主要贡献。胡锦涛同志的和谐文化思想不仅包含着对社会主义文化性质的界定和价值的判断，同时肯定了和谐文化在促进社会和谐方面的重要作用。首先，建设和谐文化，在全社会提倡科学发展观，能够革新经济发展观念，引导经济发展方式转变，促进人与自然的和谐。其次，建设和谐文化对促进"四位一体"总体布局能起凝聚协调的作用。和谐文化内在地包含着社会主义价值取向和行动要求，能够为经济、政治、社会建设提供价值指引。最后，和谐文化要求在全社会贯彻社会主义核心价值观，有利于实现人与人之间的和谐，进而提升社会文明程度，减少社会矛盾，提升整个民族的凝聚力。

习近平总书记就中国特色社会主义文化自信所展开的论述，将实践性、时代性、理论性和传承性融为一体，富有鲜明的中国特色社会主义特征。例如，中央政治局在就弘扬中华传统美德、培育与弘扬社会主义核心价值观进行学习时，习

---

① 邓小平. 邓小平文选.［M］. 北京：人民出版社，1994.
② 江泽民. 论"三个代表"［M］. 北京：中央文献出版社，2001.

近平总书记强调:"要弄清楚华夏优秀文明的历史渊源、发展走向,弄清楚华夏文化的价值内涵和独有特征,提高中华民族的价值观和文化自信。"① 在文艺工作座谈会上,习近平总书记表示:"作为中华民族精神的命脉所在,社会主义核心价值理念从中华优秀传统文化中吸取了丰富的营养,这也是让华夏儿女得以在越来越复杂和激荡的世界格局中昂首挺胸、屹立不倒的原因所在。只有提高文化自信才能让我们拥有更高的制度自信、理论自信和道路自信。"② 在"七一"讲话中,习近平总书记再次强调要增强文化自信,并认为只有提高文化自信,才能更深厚、更基础和更广阔地增强中华民族自信。这些均表明,文化自信是中华民族坚守"三个自信"的基础和前提。

2. 社会主义文化建设的基本原则和基本方针

中华人民共和国成立以后,党的几代领导集体不仅肯定了社会主义文化建设的重要地位,并且提出了文化建设所应遵循的基本原则和基本方针,科学地回答了社会主义文化建设的领导力量、依靠力量、价值指向,以及如何正确对待新旧文化、异质文化之间的关系问题,为社会主义文化建设积累了有益探索。

一方面,社会主义文化建设要坚持马克思主义指导和中国共产党领导的基本原则。毛泽东同志从中华人民共和国刚刚成立时期人民群众文化水平普遍较低的社会现实出发,要求文化建设要以马克思主义为指导,广大党员干部要主动承担起对群众进行思想政治教育的任务,帮助群众树立无产阶级意识。邓小平同志面对国内外妄图以资本主义道路取代社会主义道路的错误思潮,要求坚持四项基本原则,大力建设社会主义精神文明。江泽民同志要求中国共产党应当注意不断加强理论武装,始终做到引领先进文化的前进方向。胡锦涛同志要求社会主义文化建设要坚持"党管文化"的原则,要继续坚持马克思主义指导地位,加强党对文化工作的领导权、管理权。习近平总书记要求把马克思主义基本原理同中国具体实际相结合,同中华优秀传统文化相结合,不断推动马克思主义中国化时代化,推进中华优秀传统文化创造性转化、创新性发展。

另一方面,社会主义文化建设要坚持"双百"和"两用"的基本方针。中华人民共和国成立之初,为了加快艺术和科学发展的步伐,毛泽东同志在1956年正式提出:"艺术问题上的百花齐放,学术问题上的百家争鸣,我看应该成为我们的方针。"③ 毛泽东同志主张,文化与科学有其内在的发展规律,不应用行政手段

---

① 习近平. 文化自信:习近平提出的时代课题[N]. 人民日报,2016-08-05.
② 习近平. 习近平谈文化自信[N]. 人民日报海外版,2016-07-13.
③ 毛泽东. 毛泽东文集:第七卷[M]. 北京:人民出版社,1999.

横加干涉。在实行"双百"方针的同时，还要善于识别"香花"和"毒草"。另外，在对待传统文化和外国文化的态度上，毛泽东同志要求坚持"古为今用，洋为中用"的方针，就是对于传统文化和外国文化要结合中国当前的具体实际加以运用，而不是一味地、不加斟酌地照搬照抄。邓小平同志多次强调，要继续坚持毛泽东同志的"双百"方针，对于不正确的思想要坚持说服教育，而不是大搞批判。同时，邓小平同志立足改革开放的时代需要，要求文艺创作也应当秉持开放态度，强调文艺创作要在注重融汇中外古今的基础上发扬好民族风格。江泽民同志指出，文化建设要唱好主旋律。唱好主旋律，就是要"唱响社会主义文化的主旋律，坚持为人民服务，为社会主义服务，实行百花齐放、百家争鸣，是发展先进文化必须贯彻的重要方针"①。

胡锦涛同志指出，广大文艺工作者必须"全面贯彻'二为'方向和'双百'方针"②。在如何对待古今文化、中外文化的关系等问题上，胡锦涛同志同样强调要坚持马克思主义的科学态度。

习近平总书记指出："要坚持为人民服务，为社会主义服务，坚持百花齐放、百家争鸣，坚持创造性转化、创新性发展，不断铸就中华文化新辉煌。"③

二、文化对于讲好中国故事的重要性

文化起源于人们现实的生产生活实践和社会交往之中，同时又对人类社会产生深远持久的影响。放眼世界，随着经济全球化走向纵深，各国之间的紧密联系早已从经济贸易领域扩展到了文化领域。进入新时代，面对国内外"两个大局"形势的深刻变化，建设社会主义文化成为国家治理的重中之重，必须从当前国际国内两个方面的现实出发。习近平总书记指出："一个是中华民族伟大复兴的战略全局，一个是世界百年未有之大变局，这是我们谋划工作的基本出发点。"④ 习近平总书记围绕文化建设所做的系列重要论述，正是出于对"两个大局"相交汇的背景下我国如何开展文化建设的及时回应和深刻思考。在这样的背景下，讲好中国故事是进行文化建设的重要内容。

在各国之间综合国力的竞争中，文化软实力的较量起到的作用越来越明显。

---

① 江泽民. 论"三个代表"[M]. 北京：中央文献出版社，2001.
② 纪念毛泽东同志《在延安文艺座谈会上的讲话》发表70周年座谈会在京召开[N]. 光明日报，2012-05-24.
③ 习近平. 习近平谈治国理政：第二卷[M]. 北京：外文出版社，2017.
④ 习近平. 习近平谈治国理政：第三卷[M]. 北京：外文出版社，2020.

各国之间竞争与合作态势的不断变化使得文化的地位也与日俱增。随着我国对外开放力度的不断加大，提升文化软实力、增强国际影响力已经成为新时代中国特色社会主义文化传播事业所面临的主要任务。

目前中国已经全面建成小康社会，我们所实现的小康，是经济、政治、文化、社会、生态文明"五位一体"、协调发展的小康。建设强大的、充满活力的文化，既是实现全面小康的必然要求，也是衡量全面小康完成质量的重要尺度。新时期，面对第二个百年目标，科学技术与文化的不断发展和人民需要的变化也对未来我国的文化建设提出了更高的要求。虽然改革开放以来我国在文化建设领域取得了重大成就，但物质文明和精神文明发展不协调的矛盾依旧存在。面对第二个百年奋斗目标，党领导人民加快社会主义文化建设不仅必要，而且势在必行。

（一）世界变化蕴含文化机遇与挑战

当今世界正处于百年未有之大变局，是习近平总书记对于当前国际形势所做出的深刻判断。所谓"百年未有之大变局"，从总体上来看，指的是当今世界格局正发生前所未有的重大变化。具体来说，又可以将其进一步细分为世界政治、经济、科技、文化等领域的深刻变化。综观当今世界，随着东西方政治力量不断呈现均衡态势，全球政治、经济格局正在萌生深刻变动；科技革命所产生的巨大力量，正在重塑人民的生活观念和生活方式；互联网与新媒体的快速发展促进了信息加速流动，世界文化之间加速交流融合成为文化发展的大势所趋。但是与此同时，全球旧有的政治、经济秩序尚未发生根本动摇。这就意味着百年未有之大变局既是变与不变的统一，又是机遇与挑战的并存，这也就使得各国之间的竞争更为复杂激烈。与此同时，文化软实力与综合国力紧密相连，这就意味着一个民族必须有强大的文化能够与其他国家对话，否则就要被淘汰。如何做好中国故事的表达，正是在这一大变局之下，对如何在把握社会主义文化发展的战略机遇期的同时有效应对各种风险、挑战的思考。

1. 文化交流互鉴的契机

文化交融的历史车轮滚滚向前，势不可挡，一味地罔顾时代潮流选择文化封闭，只会走进文明发展的"死胡同"。与此同时，一部世界文化发展史也是不同文明的交流史。其中，互鉴与冲突构成文明交往的两个基调。放眼整个世界历史，虽然不同文明之间的摩擦、矛盾时有发生，但是文明互鉴依然是整个人类文明史的主基调。文化的差异性绝不是文明冲突的根源，更不是取消文明交往的理由。

相反，不同文化只有在互鉴中才能既得以保持自身独立，又能够兼收并蓄。

文明交流、互鉴的根本追求，是为了实现不同文明的友好相处、和谐共存。在和平与发展的时代主题下，强权主义和优越主义等论调沉渣虽然时有泛起，但是文明共存依旧是大势所趋、民心所向。

世界百年未有之大变局为促进全球文化沟通交融提供了新的契机。这首先体现为和平、发展、合作、共赢的新的世界潮流，为全球文化交往带来了难得的发展机遇。早在 2014 年，习近平总书记就曾指出："什么是当今世界的潮流？答案只有一个，那就是和平、发展、合作、共赢。"①

关于现今世界的时代主题，邓小平同志在党的十一届三中全会后所做的"和平与发展是当今世界的两大主题"这一判断并没有过时。虽然当今时代主题的"质"并没有改变，但是在"质"的基础上正积蓄着新一轮的"量"变。习近平总书记正是在运用唯物辩证法的基础上，深化了对党的十八大以来的时代主题的认识，指出在"和平与发展"的这一大的背景之下，各国之间加强合作、谋求共赢业已成为新的时代潮流，进而看到了其中所蕴含的文化交往契机。

此外，政治、经济、社会与文化领域所发生的深刻变革，为增进全球文化沟通交融创造了有益条件。世界文化加速交融，需要有良好的发展环境作为必要条件。倘若旧有的帝国主义体系仍未瓦解，那么文化平等交流则是一纸空谈；如果世界经济凋敝，那么文化也不可能得到繁荣；同样，如果离开科学技术的发展，那么文化交融仍会受到地理因素的阻碍，世界文化也就无法呈现出如今加速融合的趋势。而当今世界多极化、经济全球化深入发展和文化多样化、社会信息化持续推进的时代对文化发展的影响主要体现在：各国在加强经济交流的同时，也促进了彼此之间的文化交往；世界政治多极化发展，则为世界文化的交流融合提供了有所依循的行动秩序和政治保障；社会信息化拓宽了不同文化之间交流融合的渠道，加速了文化产品在全球范围的自由流动，因而使得各国之间的文化依存与文化交往变得更为紧密。

2. 文化强则中国强

实现中华民族伟大复兴中国梦和全面建设社会主义现代化强国梦与中国传统文化息息相关，传统文化是一个民族保持本质文化特色的根基，也是中华民族复兴的基石，更应肩负推动国家发展的时代使命。中华民族传统文化肩负着强化文化认同和价值引领、推动国家富强和民族复兴的时代使命。在传统文化的基础上构建出具有中国特色的文化体系的同时，为人类文化的延续和发展提供"中国智

---

① 习近平. 习近平谈治国理政：第一卷[M]. 北京：外文出版社，2018.

慧"是十分必要的。

新时代中国传统文化的高质量发展与实现中华民族伟大复兴的中国梦息息相关,传统文化为凝聚社会力量提供了向心力,也是几千年来中华民族维持社会关系的基本纽带和社会管理的哲学由来。新时代保护好、传承好、利用好中华文化,对坚定文化自信、建设社会主义现代化强国、优化国家治理体系均有着重要意义。纵观中国古代社会发展史,文化繁荣一定是和经济、政治、军事强盛同步的。在目前的历史条件下,面对发展过程中传统文化认同淡化、外来文化入侵等挑战,应该在中华民族的伟大复兴进程中践行"文化强、中国强"的历史职责和历史使命。

3. 中国文化传播的挑战

百年未有之大变局既为中国文化传播提供了难得的机遇,同时也带来了前所未有的挑战。从文化领域来看,主要体现为文化交融带来文化冲突、文化霸权主义威胁文化安全,以及互联网媒介去中心化引发文化风险等问题。

首先,经济全球化背景下和互联网的普及使得多元文化冲击了中华传统文化,是我国文化建设面临的最基本的挑战。经济全球化是当今世界的一个基本特征,而经济全球化过程中不同文化之间的交流与融合则是现代化的必然趋势。近代以来我国由农耕型社会向现代工业化社会转型的过程中,一方面各种外来文化涌入促进了传统文化向现代文化转换,另一方面对中国人的思维方式与价值观念造成了巨大冲击,尤其是伴随改革开放的不断深入,多元文化中的个人主义、拜金主义等价值观念与传统文化和社会主义红色文化交织渗透、相互影响,这就对加强社会主义主流文化建设、巩固马克思主义主流意识形态提出了更高的要求。

其次,文化霸权主义不断抬头,对我国文化安全构成威胁。长期以来,资本主义阵营从未放弃过利用文化输出对华进行渗透,试图通过文化产业、网络媒体等渠道向我国倾销消费主义、自由主义、个人主义等不利于社会主义建设的价值观念。面对这些挑战,我们必须有效应对文化霸权主义对社会主义主流文化的侵蚀。因此,重视主流文化建设,提升抵御文化风险的能力,就成为新的国际背景下我国文化发展所面临的迫切任务。

最后,百年未有之大变局下我国文化建设所面临的挑战,还体现在互联网媒介去中心化催生出新的文化风险。互联网媒介去中心化给文化建设带来的消极影响主要体现为,既带来了传统文化消解、威胁主流文化等风险,又增添了社会虚拟化、碎片化、主流媒体信任危机等非传统文化风险。面对互联网媒介去中心化给我国文化建设带来的诸多挑战,只有加强文化建设,传播好互联网上的中国故事，打赢网络意识形态战争，筑牢网上网下双重防线，才是有效防范文化风险的最好途径。

（二）文化自信的要求

习近平总书记强调坚定中国特色社会主义道路自信、理论自信、制度自信，说到底是要坚定文化自信。讲好中国故事作为一种加强社会主义文化建设的重要手段，必须紧紧依赖于文化自信这个重要基础。要进一步提升我国文化自信，挖掘并讲好中国故事是一条可行路径。

回顾中华历史，在近代以前，我国的文化始终走在世界前列，是世界各国推崇和向往的文化。但从1840年鸦片战争爆发以来，我国文化逐步丧失了引领世界文化潮流的主导地位，出现了所谓的"文化危机"。

21世纪以来，伴随着中国国际地位上升、经济快速发展，在中国重新走向世界舞台中心的过程中，我们在各种场合不断倡导和强调文化自信。通过对外宣讲中国故事、传播中国声音来提升我国文化自信，其目的就在于彻底消除以前我国因长期落后于西方而产生的民族自卑感和文化自卑感，恢复中国文化在世界文化中应该占有的地位。只有不断增强人民群众对我国文化的自信心和自豪感，不断强化我国文化在世界文化中的影响力和感召力，才能使中国故事得到外国人的接受和认可，使中国故事在国际化的大舞台上能够为实现中华民族伟大复兴提供精神和文化层面的动力。

自党的十八大以来，让外界更全面地了解中国发展成就和中国道路的特色，让人民群众对中国文化感到自信、对中国人的身份感到自豪，已成为文化工作的主要任务。因此，讲好中国故事自然而然演变为一种对外宣传中国文化、对内强化我国文化自信的主要手段。

一方面，我们要把讲好中国故事作为应对外来多元文化特别是西方文化冲击的重要手段。在讲好中国故事的过程中，要抵制西方文化利用其媒体话语权优势，利用教育与科研交流、互联网等渠道宣传曲解我国价值观、丑化我国国民的行为，给予那些诋毁、诽谤、造谣中国文化，宣传中国负面新闻等别有用心者强有力的反击。

另一方面，我们要通过在国际上讲好中国故事传承弘扬中华民族精神。中华民族精神植根于勤劳质朴、热情友好的中国人的心中，因此我们不仅要把中国人民真实、生动、鲜活的形象展示给世界人民，让世界人民更好地了解中国人民，还需要通过讲好中国故事，将中国文化、中国思维、中国道路展示给世界。

（三）实现中华民族伟大复兴要求建设文化强国

实现中华民族伟大复兴，是新的历史条件下以习近平同志为核心的党中央领导人民团结奋斗，进行经济、政治、文化等各项建设的目标引领。因此，新时代中国特色社会主义文化建设是在中华民族伟大复兴的战略全局中向前推进的，习近平总书记关于社会主义文化建设的诸多重要阐述也是围绕这一主题而相继展开的。

1. 建设文化强国的使命

在党的十九大上，习近平总书记指出，中国共产党人必须勇担新的文化使命。[①]应当认识到，中华民族伟大复兴不是局限于某个方面，它是全方位、多领域的复兴。而中华文化繁荣发展不仅是我国大国气象的重要体现，也是民族复兴的核心标志。因此在新时代下，以习近平同志为核心的党中央必须勇担使命，铸就中华文化新的辉煌。

当代中国共产党人所肩负的建设文化强国的使命，是新时代背景下建设中国特色社会主义的内在要求，是对人民的美好生活需要的及时回应，是进一步推动中华文化走向世界的必然选择，其背后有着深刻的生成逻辑。基于此，当代中国共产党人的文化使命的内涵主要表现在国家层面、人民层面和世界层面上。在国家层面上，就是要推动中国特色社会主义文化创新发展，以涵养对道路、理论、制度的高度自信；在人民层面上，就是要大力发展文化，筑牢人民的理想信念，丰富人民的精神世界，满足人民群众的文化需求；在世界层面上，就是要代表先进文化的发展方向，为人类文明发展贡献中国智慧。面对这样的文化使命，习近平总书记在治国理政中必然要对文化建设予以高度重视。

2. 统筹推进总体布局要求补齐文化领域的短板

统筹推进"五位一体"总体布局与实现中华民族伟大复兴之间存在着紧密联系。党的十九大提出了坚持和发展中国特色社会主义事业的总任务和总体布局，因此，中华民族伟大复兴与"五位一体"之间是总任务与总体布局的关系，即前者是后者的追求目标，后者是前者的实现路径。"五位一体"之所以是中国梦的实现路径，正是因为"五位一体"的总体布局既为中华民族伟大复兴的实现构建了战略方案，同时也为之描绘了所要实现的清晰战略图景，即通过经济建设为实现民族复兴奠定物质基础，通过政治建设为实现民族复兴确定政治保障，通过文

---

① 新华社. 习近平主持中国共产党第十九次全国代表大会闭幕会并发表重要讲话[J]. 时事报告，2017（11）：35-40.

化建设为实现民族复兴提供精神指引,通过社会建设为实现民族复兴创造和谐环境,通过生态文明建设为实现民族复兴筑牢持续发展的根基。中国梦的宏伟蓝图,就是要将我国建设成为"五个文明"相统一的社会主义现代化强国。

民族复兴的历史进程不断向前推进,对经济、政治、文化、社会、生态文明进一步协调发展提出了更高要求。但是从当前文化领域的现实情况来看,我国的文化发展水平、文化资源配给、文化体制机制等多个方面仍存在突出短板。文化建设是"五位一体"总体布局的灵魂所在,如果文化领域存在明显短板,社会主义事业和中华民族伟大复兴则会缺乏前进动力、精神支撑和价值指引。习近平总书记关于社会主义文化建设的重要论述,正是对文化建设在总任务和总布局中的重要地位和我国文化发展现状的审视和反思。

3. 全面建成小康社会为文化建设提供发展机遇

全面建成小康社会是实现中国梦的关键一步,在全面建成小康社会取得历史性成就之际,我国的文化建设也获得难得的机遇,这体现在全面建成小康社会为文化建设夯实了物质基础。首先,新时期,我国人均可支配收入持续增长。与此同时,脱贫攻坚事业取得了重大胜利,谱写了人类史上的减贫奇迹。经济发展水平决定文化发展质量,强大的经济基础为新时代进一步推进文化建设注入了强劲活力。

其次,全面建成小康社会进一步扩大了人民群众的文化需要。"全面"是建成小康社会的关键所在。随着生活质量的不断提高,人民群众对小康的要求已经不再是基本的吃饱穿暖,而是扩展到了对文化精神生活、社会和谐安定、环境生态良好等多个维度。文化精神生活作为人的基本需要之一,其发展状况直接关涉人民群众的幸福感和获得感。人民群众对文化精神方面的需求日益扩大,这就为文化建设提供了新的机遇。

最后,全面建成小康社会还对文化建设提出了更高的发展目标。党的十九届五中全会展望了到2035年基本实现社会主义现代化的远景目标,其中在文化上要力求使国民素质、社会文明程度达到新的发展高度,使国家文化软实力获得显著提升。这一目标的提出凸显了文化领域在未来一段时间的发展重点,也为讲述中国故事和推动文化建设提供了动力。

三、利用文化讲好中国故事的策略

讲好中国故事与增强文化自信之间本来就有着千丝万缕、不可割裂的联系,如何通过讲好中国故事来不断强化我国的文化自信,还需要我们掌握以下有效策略。

（一）运用创新手段建设文化品牌

要以讲好中国故事的办法增强人民群众的文化自信，就必须高度重视文化领域的创新工作。推进文化创新绝不是对我国主流文化的否定，而是在传统文化、社会主义文化、"红色文化"等主流文化的基础上增添新元素，使用新办法。我们要始终秉持传统文化核心，传承"红色文化"基因，展现社会主义文化审美风范，创新主流的文化元素，改善主流文化形象，优化文化符号的表达方式，向全世界充分展现中国的良好形象。同时，要想使我国文化走出国门，我们还必须使创新的文化"接地气"、符合大众口味，不能因为一味地追求新而违背了文化是为广大人民群众服务的基本立场。

此外，我国要着手打造一批具有中国文化特色的优势文化品牌。通过打造国外"孔子学院""中国美食""中国高铁"等话题不断宣传自身形象，传递中国独有的特色文化；同时要注重发展国际文化贸易，加强对文化贸易的资金扶持和政策鼓励，通过国家品牌战略塑造和传播国家形象，打造民族文化IP、政府口碑、企业名牌等国家形象文化产品，逐步在国际文化贸易的交换过程中打造出满足国外大众需求的文化品牌。

（二）增强文化交流以提升文化软实力

要更好地通过传播中国故事来强化我国的文化自信，使我国文化在国际文化市场上得到高度认可，就必须促使我国文化与其他国家的文化进行交流，在交流的过程中扬长避短、吐故纳新，不断吸收世界文化中的优秀元素，逐步提高自身文化软实力。

习近平总书记指出，"提高国家文化软实力，要努力展示中华文化独特魅力"，要"把跨越时空、跨越国度、富有永恒魅力、具有当代价值的文化精神弘扬起来"，"把继承传统优秀文化又弘扬时代精神、立足本国又面向世界的当代中国文化创新成果传播出去"。[①] 因此在对外讲好中国故事时，一定要发挥自身优势，充分利用好我国文化的精髓，做到以理服人、以文服人、以德服人，提升我国文化在国际市场上的比重，逐步提升我国文化的软实力。

（三）利用舆论氛围提升传播效率

互联网技术的不断发展促使国际国内传统媒体和新媒体实现高度融合发展，

---

① 黄会林. 提升文化影响力关键在文化成果[N]. 人民日报，2016-04-06.

产生诸多新媒体和融媒体平台。多种传播渠道的变化在加快新闻传播速度和增强传播效果的同时,也使得新闻传播出现了去中心化趋势,舆论氛围的监控与研判也变得复杂起来。想要更好地借助传统媒体和新媒体向外界讲好中国故事、传递中国声音,就必须打造出专业化和融合化的媒体平台来传播好中国故事。通过打造、强化几家有实力、有权威的新媒体和融媒体平台,对外发声并综合运用,通过图文、短视频、纪录片等多种方式为对外宣传好中国故事营造好的舆论氛围,从而增强中国故事在国外的影响力和感召力,能够使中国故事在国际传播平台上占有一席之地。

除利用融媒体平台传播外,还要利用各种方式提升我国在国际新闻传播上的话语权,不断强化跨文化传播的能力和渠道建设。习近平总书记在出席党的新闻舆论座谈会时曾明确指出:"要加强国际传播能力建设,增强国际话语权,集中讲好中国故事,同时优化战略布局,着力打造具有较强国际影响的外宣旗舰媒体。"[1]这就更要求我们在对外宣传上不仅要下硬功夫、使大力气,还需有技巧、有方法,以此营造良好的中国形象,同时也要为中国文化的国际传播营造"走出去"的国际舆论环境。好的国际舆论环境对疏通对外文化传播的渠道、对外讲好中国故事能起到环境传播的增益作用。

---

[1] 王树成. 争取国际话语权是这代媒体人的使命[N]. 人民日报, 2016-12-29.

第二章 中国故事的"他塑"与"自塑"

本章对中国故事的"他塑"与"自塑"两种塑造方式进行分析,主要包括"自塑"与"他塑"视角下的中国国家形象研究现状,外国传播媒介上的中国形象与中国故事,中国人讲述中国故事取得的成就与问题,中国故事"他塑"与"自塑"案例研究:江西国际媒介形象现状与建构路径等几个部分。

第一节 "自塑"与"他塑"视角下的中国国家形象研究现状

一、相关概念阐释

(一)国家形象的"自塑"

一个国家的政府和人民通过具体的、自身的行为来塑造国家形象,就是国家形象的"自塑",即一个国家通过各种手段把国民如何看待自己和希望别国如何看待自己的形象塑造起来。在国家形象的"自塑"过程中,本国媒体角色较为重要,媒体通过新闻报道向国内、国际塑造自身希望具有的国家形象。国家形象的"自塑"在国家形象构建中的作用最为重要,其原因就在于媒介传递的事实在国内、国外两个层面容易出现错位。一般而言,本国媒体在向国外报道发生在本国的新闻时,首先都会考虑会给国外受众留下什么样的印象。但国外媒体对他国的报道由于地域、历史、语言、文化的差异,加之国际利益关系的驱使,极易出现真实性偏差或议程设置。如果外国受众长期接受自己所熟悉的本国媒体传播他国的负面信息,就会加大他国媒体在国际新闻中"自塑"良好国家形象的难度。

(二)国家形象的"他塑"

中国学者刘小燕认为,"所谓他塑法,就是一种外来评价和认可,是一种出自他人感情和他人意志的构建法"①。不少学者认为在国家形象塑造过程中,在国际媒介形象的塑造上,"他塑"比"自塑"更有说服力。正如美国著名中国问题专家雷默认为的,在经济全球化时代,中国如何看待自己和其他国家如何看待中国,将在很大程度上决定中国的发展和未来,而中国的形象"并非自己说什么就是什么,还应该是别人说了算"②。

"他塑"的国家形象就是一个国家在其他国家或跨国媒体新闻报道中所呈现出来的形象。"他塑"的国家形象通常容易受到人为因素的干预,从而影响受众对形象国的印象。造成"他塑"的国家形象偏差的原因在于,一是报道的媒体并不是形象国的媒体,对形象国国情、文化、社会等情况不熟悉,也容易受意识形态、国家利益、固化印象等因素的影响。二是"他塑"出来的国家形象容易被他国受众接受,原因是媒体和受众属于同一国家或地区,或处于同一意识形态环境下,媒体比较了解自己国家受众接受信息的习惯与偏好,其报道更易让本国受众信服。

二、研究现状和意义

(一)国家形象研究现状

1959 年肯尼斯·博尔丁最早提出了"national image"这一概念。1990 年,美国学者约瑟夫·奈提出了"软实力"概念,"软实力"研究几乎成为后冷战时代研究国际关系的最为重要的理论框架之一,在一定程度上引发了中国学者对国家形象研究的热情。也有研究者借助量化指标研究国家形象,如英国学者西蒙·安霍尔特建构了"国家品牌六边形"和"安霍尔特国家品牌指数"。21 世纪以来,诸如"民生指数""清廉指数"等国家形象量化指标屡见不鲜。国外学者对中国国家形象的研究较为少见,其中有代表性的是采用内容分析法解释《纽约时报》对中国的报道产生信息偏差的原因③,以及通过文本分析诠释不同类别英国媒体下的中国形象研究④。

国内对中国形象的研究在 20 世纪 90 年代之前处于萌芽阶段,多从外交的角

---

① 刘小燕. 关于传媒塑造国家形象的思考[J]. 国际新闻界,2002(2):61-66.
② 乔舒亚·库珀·雷默. 中国形象:外国学者眼里的中国[M]. 沈晓雷,译. 北京:社会科学文献出版,2008.
③ BOULDING K E. National images and international systems[J]. The Journal of Conflict Resolution,1959(3):120-131.
④ SPARKS G,WANG H,HUANG V,et al. The impact of digital media or newspapers:comparing responses in China and the United States[J]. Global Media and China,2016(3):186-207.

度出发探讨日常工作。20世纪90年代至21世纪，相关研究以对策性研究和描述性介绍为主，如李松凌、支庭荣、徐小鸽等人较早地开展了相关研究。同时，刘继南、李寿源、杨伟芬等学者从媒介技术、国家形象与国际政治关系的角度出发对国家形象进行阐释。2000年，由管文虎主编的第一本研究专著《国家形象论》出版，全面系统地总结了近代以来的中国国家形象的变迁。21世纪以来，国家形象研究成为重点议题，研究视角涵盖了传播学、国际关系学、公共关系学、跨文化研究等领域。研究的重要性催生了一批专门的研究机构与课题组，如清华大学国家形象研究中心、上海交通大学中国形象研究中心、对外传播效果研究课题组等。同时，也有诸如《国家形象：历史、建构与比较》《国家形象研究》《中国国家形象全球调查报告》《国家形象蓝皮书：中国国家形象传播报告》等重大成果，并涌现出了如范红、孟建、张昆、单波等较有学术影响力的学者。

目前国内较有特色的研究路径主要基于传播学研究路径和语言学研究路径。传播学研究路径主要指大众传媒对社会现实的描述所构成的媒介议题影响着人们头脑中对社会现实的构想，包括国内外主流媒体通过议程设置、媒介框架等对中国形象进行描绘。如有学者依据议程设置理论对中国国家形象的构建展开探讨，有学者运用媒介框架理论对中国官方纸媒与英美主流媒体关于北京奥运会的报道进行了比较研究。在语言学研究路径上，一些学者在梳理中国形象研究所取得的进展与存在问题的基础之上，重点分析了翻译学中中国形象的研究领域、路径和意义；另有不少研究者基于国外媒体新闻报道语料库，考察中国形象的建构与变迁。前者如从态度系统解读美国主流媒体对中国经济形象的构建，后者如对美国媒体涉华报道背后意识形态的分析。

从已有文献可以看出，早期研究多是对国家形象内涵和功能的阐释，而最近10年则较多涉及诸如新媒体、"一带一路"、北京奥运会、上海世博会及人口和气候环境等具体话题，且多以此探讨西方媒体报道中的中国国家或地区国际形象，讨论结果集中于英美媒体话语倾向性和外宣媒体传播效果。另外，语料库研究的大数据思维与检索分析方法为研究国家形象提供了视角和技术上的革新，研究方法从传统的文本分析发展为语料库和批评话语分析相结合，如有学者对于西方媒体视野里"中国梦"的解析。

同时，往期研究中依然存在一些问题，主要表现在以下两个方面。首先，在对象与样本上多集中在英美智库或媒体，较少涉及我国外宣媒体。借助智库文献及主流媒体报道对中国国际形象的研究已开展多年。其次，在语言学语料库上为基于特殊情况的小样本数据的传统定性分析方法，研究结论有待商榷；少数基于普遍情况的定量分析大多依托英美已建成的语料库，时效性较差。

（二）研究的意义与主要方向

雷默认为，"中国的自我认识与其他国家对中国的认识，二者是截然分裂的"[①]。国际受众多习惯于本土媒体，中国国际形象更多来源于西方主流媒体的呈现，"他塑"形象较"自塑"形象在中国国际形象塑造中更有影响力。他国舆论场中的中国形象成为中国国际形象的主要表现形式，而不可否认的是，中外国际媒体在此方面存在较大差异。

对于中国国际形象的塑造，中国故事的表达内容应更为多元化，更具有时代感，要兼顾传统文化和现代中国的故事主体。同时，内容不是扁平化而是立体化的，因为扁平化内容很难获得预期的传播效果，而全面多元的内容让受众可以客观地进行选择和判断，更容易达到理想的传播效果。"所谓'话语权'，不仅指话语主体拥有表达自我思想和意愿的权力，还暗示了话语具有影响听众思想和行为的能力。话语建构的产物不一定符合客观事实，但是缺少话语策略和技巧的表达必然不能达到理想的效果。"[②]

中国故事的对外讲述视角应多从受众群体的角度出发，在充分了解受众的基础上考虑国际受众的文化环境和思想观念，通过合适的传播方法在跨文化语境中准确有效地传递故事，以更为准确地表达中国诉求和主张。

第二节 外国传播媒介上的中国形象与中国故事

近年来，随着中国国际地位和影响力的不断提升，中国对国家形象的重视也上升到了前所未有的战略高度。国家形象研究涉及面广，纵向研究居多，且研究对象呈散点式特征。比如，以"国庆70周年"为例，外国传播媒介上的相关内容就跟我们本国的报道有所出入。根据若干中外主流媒体横向对比中国的政治形象、经济形象、科技文化形象、社会形象、军事形象和外交形象，可以发现中外媒体的关注点和切入点存在较大差异。外国媒体由于利益冲突，会在一定程度上对中国的国家形象进行扭曲。因此，中国应该进一步主动自塑、全面自塑和多维

[①] 乔舒亚·库珀·雷默. 中国形象：外国学者眼里的中国[M]. 沈晓雷, 译. 北京：社会科学文献出版社, 2006.
[②] 刘立华, 谢静. 中国企业跨国并购中的国家形象话语建构研究[J]. 浙江传媒学院学报, 2013（20）：10-18.

度自塑，努力融入国际话语体系，以期塑造更好的中国国家形象。

一、疫情报道中的中国的政治形象

在全球抗击新冠肺炎疫情的大背景下，中国政府形象在外国群体的对华认知中必将得到与以往不同程度的提高。从国际公共危机事件与国家形象塑造的关系来看，国家形象塑造中，媒介事件（重大新闻事件）在强化、传播或者改变事件主体形象上具有重要价值。因此，探析外国群体视野中的中国政治形象，包括中国政府形象，以及对中国特色社会主义制度、"以人为本"的发展理念、"人类命运共同体"的国际主张等的认知现状，对做好中国故事传播工作至关重要。构建外国人眼中的中国政治形象，应该表现为以人民为中心，治理能力强，在国际社会上是负责任的大国形象，以及在中国共产党的带领下，正在努力构建"人类命运共同体"等。

中国在百年未有之大变局中应对疫情取得重要成效，而西方国家却因应对迟缓，导致错失疫情防控最佳时机，二者形成鲜明对比。随着一些外国人在华生活体验的深入，特别是与中国民众共同见证中国应对疫情的坚决举措，外国群体对中国的国家治理能力给予充分肯定，对于抗击疫情过程中彰显的中国制度的优越性，以及对于中国主张的构建"人类命运共同体"理念有了最为生动直接的观感和体验，他们对中国政治内涵的认知意愿和诉求得到了大幅提升。在重大媒介事件上，中国政治形象传播的有效性已经得到论证。

中国故事传播中应增设中国政治内涵方面的相关内容，更加主动地对中国国家制度和国家治理体系、中国理念和国际主张等进行宣介，进一步做好中国政治形象的对外传播。公共外交是建构中国与大国地位相匹配的国家形象的重要路径之一，从公共外交视角下，外国传播媒介有责任和中国媒介一起推动国际受众的对华认知。特别是当前要把握好中国政治形象塑造的机遇期，肩负起公共外交的使命，向外国人讲好中国故事，传递中国理念，解释中国道路、中国制度和中国价值，进而通过"外嘴"推进国际社会对中国形象的认知、认可、认同。

二、中国的经济形象——以外国人对中国的疫情防控报道为例

国家经济形象的构成因素主要包括政治经济制度、国家经济活动、国家经济形象展示三个方面。其中政治经济制度指的是国家对经济活动的指导思想与原则，经济活动则包括一个国家在经济领域的各项活动，而经济形象则是前两者的综合

体现。如在疫情防控状态下，一些外国主流媒体并未止步于关注中国某些大型企业的变化，而是着眼于中国各个主要经济行业，特别是与世界产业链紧密相关的运输业、汽车制造业、能源行业等。2020年西班牙主流媒体报道中，对于中国各行各业的损失以及可能对世界经济活动造成的影响表示十分担忧。首先，即将在巴萨罗那举行的世界移动大会有可能因疫情而取消，从而造成巨额的经济损失；其次，各国航空公司被迫取消大量航线，市场崩溃；最后，旅游业遭受了巨大的影响，而旅游业是西班牙的支柱产业之一。在后续的报道中，西班牙主流媒体多次援引经济贸易专家或组织的发言，强调中国作为全球供应链中的主要纽带，疫情对其国内产业的影响将在全球范围内产生多米诺骨牌效应，并关注中国在疫情中的经济应对策略。总体而言，一些外国主流媒体对疫情下中国经济受损与应对策略始终保持高度关注，这说明中国经济已经成为世界经济的重要一环，外界不得不时刻关注中国经济的发展动向。

三、数据视角下的中国的科技形象

根据2019年的《中国国家形象全球调查报告》可以看出，外国民众对"一带一路"倡议的发展有了更多认知和关注，设施联通和贸易畅通是其评价最好且最为期待的领域。在中国品牌熟悉度排名中，前三位与2018年相同，依次为：华为、联想和阿里巴巴。与2018年相比，百度、UC浏览器、腾讯的排名也有明显上升趋势。此外，近七成的海外受访者认为中国科技创新能力强，"高铁"依然是认知度最高的中国技术，其次是"超级计算机"和"载人航天技术"。在信息接触渠道中，除了本国的传统媒体，海外受访者主要通过"使用中国产品"来了解中国。这也充分证明了中国科技、中国企业出海发展的重要性。在"海外受访者最期望通过中国媒体接触的信息"调研中，科技、文化和经济关注度最高。总体来看，海外民众认为中国应该优先塑造"全球发展的贡献者"形象，中国的科技创新能力认可度不断提升。

报告还显示，海外受众在接触中国媒体时遇到的主要障碍是"不知道应该看什么中国媒体"。面对如此庞大的社交媒体用户，中国官方媒体或许可以通过入驻社交平台的方式，适应本土化语境和实现差异化运营，以此来吸引更多的海外受众，并使其养成"使用习惯"。当其面临关于中国的信息来源的选择时，中国媒体能够成为其优先选项。

此外，全球互联网指数发布的全球公众媒介使用调查报告显示，社交媒体成为公众最主要的新闻信息来源之一，对其依赖程度仅次于大型新闻机构和国家信息来源。超过半数的年轻人（18～34岁）以社交媒体为主要新闻来源。这就意味着，如果中国媒体能够在社交平台上成功吸引用户，获得稳定的"流量"，就能够在网络空间中占据一席之地。

值得我们关注的是，近年来字节跳动公司旗下的海外短视频内容平台Tik Tok发展迅速，占领了庞大的海外市场。移动应用数据分析公司Sensor Tower的报告显示，2020年4月，Tik Tok全球累计下载量已突破20亿，其中美国下载量达到1.65亿，相当于美国总人口的一半。在欧洲市场方面，根据咨询公司Take Some Risk发布的调查报告，截至2020年6月15日，Tik Tok在英国、法国、德国分别有540万、440万和550万月活跃用户，在意大利和西班牙也分别有300万和350万月活跃用户。①

Tik Tok迅猛的发展速度和庞大的用户体量让习惯进行文化输出的美国产生了危机感，并以危害国家安全为由试图"封杀"Tik Tok。而印度也打着"危害国家主权完整、国家安全和公共秩序"的旗号，于2020年6月开始"封杀"大量包括Tik Tok在内的具有中国背景的手机应用程序。

Tik Tok出海获得成功没多久就遭遇重创，也从侧面反映其由算法技术和优质内容构成的强大实力。尽管Tik Tok在世界范围内都遭遇了不同程度的监管和处罚，其主要原因在于企业本身，包括企业在经济全球化战略发展过程中没有应对好国外更加严格的隐私保护制度，以及采取针对低龄用户的有效保护措施等。如果企业能够在内容安全与审查、隐私保护等方面加以进一步规范，成功应对世界各国的制度要求，其发展前景仍是一片光明。

综合来看，在这些大量被外媒、外国民众关注的符号中，"高铁""载人航天技术""华为""阿里巴巴""Tik Tok"等"中国名片"值得我们参考和关注。在中国国家形象的塑造过程中，这些符号或许能够给予我们启发。

第三节 中国人讲述中国故事取得的成就与存在的问题

中华民族伟大复兴的关键时期亟须提升国家文化软实力，增强中华文化的吸引力和影响力。通过外交活动、国际会议、文化交流等途径弘扬中华优秀传统文化，阐释当代中国价值观、发展理念和发展成就，凸显本土化和亲和力，是近年

---

① 江轶. 论中国国家形象的历史变迁与现实构建[J]. 湖南工业大学学报（社会科学版），2013，18（1）：13.

来"讲好中国故事"的成功经验。可以说,中国人民创造了辉煌的中国故事,但如何让感动了我们的故事感动世界,就涉及方式和途径选择的问题了。在了解中国人讲述中国故事取得的成就与问题之前,我们有必要先分析一下中国人讲好中国故事的基本内涵。

一、"讲好中国故事"的基本内涵

"讲好中国故事"讲什么?习近平总书记在"8·19讲话"中提出"四个讲清楚"[①],即讲清楚每个国家和民族的历史传统、文化积淀、基本国情,这些方面不同,其发展道路必然有着自己的特色;讲清楚中华文化积淀着中华民族最深沉的精神追求,是中华民族生生不息、发展壮大的丰厚滋养;讲清楚中华优秀传统文化是中华民族的突出优势,是我们最深厚的文化软实力;讲清楚中国特色社会主义植根于中华文化沃土,反映中国人民意愿,适应中国和时代发展进步要求,有着深厚历史渊源和广泛现实基础。这说明"讲好中国故事"不仅要阐述中国特色社会主义道路、中国特色社会主义理论体系、中国特色社会主义制度,更要讲清楚其赖以形成的"根"与"魂";既要讲好中国改革发展的显著成就,也要阐释其背后深厚的中华优秀传统文化价值观依据;既要讲好中国改革开放和发展道路的"中国特色",也要阐明中国逐步融入全球经济,反映人类文明成果的普遍性。刘云山同志也多次谈到"以高度文化自觉自信""把握时代脉搏""讲好中国故事营造良好国际舆论环境"[②],对讲好中国故事、做好国家形象宣传提出了明确要求,即立场上要抓住主流,内容上要思想深刻有见地,形式上要丰富创新接地气。要全面、客观、真实地讲好中国故事,既不夸大和吹嘘"中国式奇迹",也不回避和掩盖"中国式难题"。

二、中国人讲述中国故事的成功经验

2008年四川汶川大地震、北京奥运会、2010年上海世博会为世界了解中国提供了契机,也是中国主动进入"国家公关时代"的起点。2012年党的十八大以来,大国外交、周边外交、"主场"外交频频发力,极大地提高了中国的国际地位,增强了中国在世界上的话语权,为讲好中国故事积累了丰富的经验。

---

① 习近平总书记在全国宣传思想工作会议上发表重要讲话[J]. 前线,2013(9):4-5.
② 刘云山. 怎样讲好中国故事[EB/OL].(2014-11-08)http://china.com.cn/news/2014/11/08/content_34003114.htm.

（一）外交与中国故事的有效传播

讲述中国故事是提升中国软实力的方法之一。一个国家的软实力可以从四个方面进行判断，即文化、意识形态、制度安排和外交事务中的影响力。"中国在现代化过程中的许多具体做法不一定具有普遍意义，但这些做法背后的思想，特别是'实事求是''和谐中道''循序渐进''标本兼治''和而不同'等，则可能有相当的普遍意义。"通过外交活动阐明中国的制度、道路、立场、原则、主张，解释其背后的思想理念和价值支撑，既彰显中华文化的影响力，也提升国家文化软实力。

党的十八大以来，党中央明确提出要构建相互尊重、公平正义、合作共赢的新型大国关系。把周边和大国作为重点，以发展中国家为基础，推行多边外交，进一步扩大对外开放，大力弘扬正确义利观，更积极参与国际和地区热点问题的处理。近年来，中美在恐怖主义、跨国犯罪、气候问题等领域以及地区热点问题上的合作交流更加深入，对方积极寻找国家利益的"最大公约数"。在中俄关系上，要坚定不移地支持对方维护本国利益，不干涉他国内政，支持对方的发展道路。中俄结成全面战略协作伙伴关系，在政治、经济、军事、国际事务等多领域展开深入合作，具有高度的战略价值。党的十八大以来，习近平总书记多次访问欧洲，中法、中德、中英等国家之间形成良性竞争局面，中欧关系可持续发展态势良好。我国将周边地区作为外交的重要工作对象，2019 年，习近平总书记出访意大利、摩洛哥、法国等国，出席多场多边会议。中国与周边国家在基础设施建设、能源合作等领域联系密切，合作中朝新鸭绿江大桥、中尼沙—拉公路、中缅国际陆地光缆工程等，签订了《中俄东线供气购销合同》并开发能源管道，等等。

中华民族的伟大复兴需要构建互联互通的伙伴关系，以"民相亲"实现对单纯国家利益诉求的超越。当前，世界呈现"去中心化"的特征，外交呈现"社会化"的特征：一是公共外交主体相较于传统外交更广泛，从外交官、政府人员拓展到普通民众；二是公共外交对互联网的依赖程度高，一国民众与海外民众的沟通互动增强；三是公共外交的表达更多元化，以带有生活气息的内容为官方外交作为补充，特别是以此来补充"中国特色"后的"中国普世"，帮助中国卸下神秘的外衣。当今，公共外交为中国外交注入活力，留学生、华侨、跨国公司等也成为公共外交的重要主体。

外交场合讲述中国故事往往效果良好。"国之交在于民相亲"。习近平总书记在莫斯科国际关系学院的演讲中，讲到了苏联飞行大队队长库里申科来华同中国人民并肩作战的故事。在法国演讲时，他谈到毛泽东同志和戴高乐在冷战期间毅然做出中法全面建交的历史性决策。在德国科尔伯基金会发表演讲时动情地讲了两个故事：一个是南京大屠杀期间德国友人拉贝保护中国同胞的故事；另一个是德国葡萄专家诺博和汉斯资助了 8 名当地家庭经济困难学生上学的故事。在印度尼西亚的演讲中，习近平总书记提到郑和 7 次远洋航海留下的两国友好交往传统。在墨西哥参议院演讲时，他讲述了墨西哥著名作家帕斯曾将 2000 多年前中国哲人老子、庄子的著作翻译成西班牙文。在澳大利亚联邦议会的演讲中，他谈到澳大利亚格里菲斯大学马克林教授孜孜不倦地向澳大利亚和世界介绍中国的真实情况，还特别提到马克林教授的儿子斯蒂芬是中华人民共和国成立以来在中国出生的第一个澳大利亚公民。这样讲述"外国人在中国的故事"，将历史感、现实感、亲近感融为一体，以"润物细无声"的巧妙方式增强了中华文化的吸引力、影响力和感染力。

（二）国际会议、赛事与弘扬中华优秀传统文化

前文提到的对重大新闻事件的报道是讲述中国故事、传播中国文化、弘扬中华优秀传统文化的有效方法之一，而大型国际会议和赛事通常是新闻报道的关注焦点，也是展示中国传统文化的最佳窗口。2008 年奥运会的"祥云"火炬、开幕式中的印刷术表演等都展示了中华优秀传统文化精髓，得到了世界人民的认同。除重大体育赛事外，部分领导人参与的重要国际会议对中国传统文化的传播作用也不容忽视。如在纪念孔子诞辰 2565 周年国际学术研讨会暨国际儒学联合会第五届会员大会开幕式的讲话中，习近平总书记概括阐述了包括儒家思想在内的中华优秀传统文化中蕴藏着解决当代人类面临的难题的重要启示，如"协和万邦""亲仁善邻，国之宝也"等中国传统文化中对和平理念的论述。在中国举办的大型国际会议上，中国元素的体现彰显了中国文化特色，如 2014 年北京 APEC 领导人欢迎宴会从会标设计、领导人及其配偶的服饰到晚宴菜谱、餐具，无不体现了中国文化元素。而在会议上，习近平总书记的致辞同样体现了中国传统文化在国际会议上的传播，习近平总书记说："我们之所以选择水立方来举行这个晚宴，是因为水在中国文化中具有重要的象征意义。2000 多年前，老子说'上善若水，水利万物而不争'，意思就是说最高境界的善行就像水一样涓涓细流、泽被万物。亚太经合组织以太平洋之水结缘，我们有责任使太平洋成为太平之洋、友谊之洋、合作之洋，见证亚太地区和平、发展、繁荣、进步。"国家领导人参加国际会议来传播中国文化是最容易被国外新闻媒介报道、被世界人民认知的一种

传播方式。

（三）通过文化交流凸显中国文化魅力与亲和力

除外交和重大会议外，中国故事的讲述还可以以民间文化交流为纽带。中国自古以来文化特色鲜明，中国与世界的文化艺术交流从古代就已经开始，如中国陶瓷、丝绸等艺术品在古代是财富的象征，其自带的文化属性也被世界人民接受。近些年，中国美食、中医药、中国电视剧随着中国的对外投资和人员交流被世界上不少国家的人民追捧。如以李子柒为代表的短视频内容在海外平台大火，她以个人生活记录平铺直叙地讲好中华文化，展现出中国人民勤劳、朴实的形象，传达了中国家庭的血脉关系与乡土情结；以《舌尖上的中国》为代表的中国纪录片以美食为叙事符号，创造性地对外讲好中国美食故事；以《甄嬛传》《琅琊榜》《小别离》为代表的电视剧在外网论坛被外国人解读；甚至有外国网友为了阅读《盘龙》《诡秘之主》等网络仙侠小说而自学中文。近年来，通过民间文化交流，中国部分优秀文化产品在国外受到热捧，激发了外国人了解中国文化的欲望，中国文化的吸引力和影响力正在不断增强。这说明对外讲述中国故事也能从民间文化交流上以点破面，通过激发外国民众的兴趣，以不同文化间的共性为切入点传播中国故事。

（四）中国文化"走出去"的主要措施

中共中央高度重视文化工作，强调内容建设和体制改革并举的指导方法，从舆论工作、文艺作品创作、中国特色哲学科学、文化软实力、现代传播体系、文化对外开放水平、文化治理能力现代化等多维度展开工作，取得初步成效。改革开放以来，我国文化对外传播的方针政策不断调整和完善，如今文化"走出去"已经成为我国文化强国建设的重要内容。截至2019年底，中国已在162个国家（地区）建立550所孔子学院和1172个中小学孔子课堂，为世界各国（地区）人民学习汉语提供平台。中外互办文化交流节，积极举办文化高峰论坛与文化对话活动，在世界上掀起"中国热"，提升了中国文化的世界影响力。

我国加快国际传播渠道建设，致力于提升国家传播能力。截至2017年底，中央电视台已在142个国家实现了落地入户。中央电视台新闻频道在126个国家和地区落户，用户总量超1亿户，是中央电视台海外落户率和用户量最高的频道。但我国和西方国家主流媒体建设还存在差距，特别是在议程设置能力上。目前我国还未争取到有利的国际舆论环境，我国媒体议程设置能力较弱，中国话语的影响力较弱，国际传播能力亟待提高。党的十八大以来，我国着力打造融通中外的中国话语体系，通过反映社会现实的"百姓热词"讲述中国故事。习近平总书记还强调要发挥智库的重要作用，打造中国特色学术话语，摒弃以西方话语解读中国现象的方式。

三、存在的问题

上文提到，我国通过外交活动、国际会议、文化交流等途径弘扬中华优秀传统文化，阐释当代中国价值观、发展理念和发展成就，凸显本土化和亲和力，是近年来讲好中国故事的成功经验。但需要认识到我国在内容精当、形式恰当、媒体领航等方面仍需借鉴别国经验。

在内容方面，很多人或者媒体在讲述中国故事的时候容易忽略对受众需求的了解，他们讲的往往不是受众想要听的，这就导致故事传播效果不佳。

在形式方面，很多时候途径是比较单一的。应该认识到，中国故事的讲述形式是非常多样化的，相关主体可以利用的形式应该涉及多个方面，这样才能切实保证传播效果的提升。

在媒体领航方面，和西方媒体相比，我国媒体在话语权方面存在一定的弱势。要想真正实现中国故事的良好传播效果，就需要对这一方面进行充分的建设与把握。

第四节　中国故事"他塑"与"自塑"案例研究：江西国际媒介形象现状与建构路径

一、江西国际媒介形象现状调研与分析

（一）进行现状分析的依据

提升媒介国际形象是近年来的学术热词。在经济全球化与"一带一路"倡议和"走出去"的战略视角下，区域与城市国际形象在跨国交往中越来越重要。全国各省份的经济、政治、文化和生活日新月异，但和其他省相比，江西省仍属于偏落后的省份。如何提升江西省的国际媒介形象、积极宣传江西形象、提高江西省国际知名度是本节进行研究的初心和目标。同时从江西省国际形象的研究现状来看，专门针对江西国际形象建构的系统性研究暂无，且对于江西省国际媒介形

象的基本情况也缺乏最基础的调研。

（二）进行现状分析的意义

"一带一路"不仅是中国的热门词汇，更是中国在"人类命运共同体"思想引领下加快"走出去"步伐、增强与沿线国家"五通"、寻求合作与共同发展的行动路线图。① 江西是长江经济带的重要组成部分，发挥着举足轻重的作用。从历史溯源上看，江西自古就是"丝绸之路"的重要文化产品和主要商品的出口大省，在政治、经济、文化等领域为世界做出了突出的贡献。其中最有名的莫过于景德镇，它在海上丝绸之路中占有极其重要的地位，在海上丝绸之路沿线国家留下了大量的艺术瑰宝和文化遗产。研究江西国际媒介形象既是历史使命，又有现实意义。

在国内，对国际媒介形象的研究较多，但对于江西省的国际媒介形象不仅研究存在空白，相关的视觉设计上同样也处于空白的状态。同时，学界对江西国际媒介形象建构的研究基础也有较大的欠缺。国内学者关于媒介形象的研究，大多集中在对社会现状、发展情况和相关城市等的媒介形象分析上。也有专门针对江西省整体形象的研究课题，如江西省高校人文社科课题"江西形象传播研究"，对江西整体形象进行了较为全面深入的调查。总体而言，江西作为内陆普通省份，对其国际传播的研究甚少。

江西国际传播活动如何能够取得良好的传播效果，是目前江西国际形象打造的重要环节和主要任务。以江西为案例进行研究，是为了通过对江西及其各市级城市被国际新闻媒体报道情况的综合分析，展示江西国际媒介形象的基本存在，进而寻找推动江西媒介形象国际传播的渠道，为江西顺利进行国际交往服务。

笔者通过收集和整合江西省各市相关的国际媒介报道，根据词条对比分析江西省的国际媒介形象，制成图表的样式，辅之以文字分析，以便更好地帮助表现江西国际形象，从而为江西省的长远发展找准目标和方向。同时，也通过阅读相关跨文化研究论文，提出了如何讲好"江西故事"、建构江西国际媒介形象的相关策略。

（三）研究目标与方法设计

1. 研究目标

①探究国内和国际主流媒体中所呈现的江西省形象的区别与联系。

---

① 钟新，王岚昕．"一带一路"背景下国际合作传播的模式分析［J］.新闻战线，2017（9）：39-44.

②分别选取几家国内主流对外媒体和国际主流媒体,通过研究23个普通省级行政区和2个特别行政区的国际信息报道,探究媒介上的江西在国内和国际上的地位和知名度如何。

③通过收集报道数据,从不同的角度归纳分析出所选主流媒体对江西报道的倾向性。

④通过相关的文字分析和信息视觉化设计,使相关人员对江西的国际媒介形象有一个直观的认识。

2. 研究思路

江西国际媒介形象研究思路主要有四个步骤:首先,在所选媒体上,以全国各省级行政区和特别行政区的英文名为搜索关键词,以搜索出的报道数量多寡来研究江西在国际上的地位和知名度。其次,通过内容分析法,从对江西的报道数量和报道内容两个角度研究主流媒体上江西国际媒介形象构成,并形成信息可视化云图。再次,通过比较媒体对江西特色以及城市新闻的报道数量,从细微之处展示江西国际形象。最后,基于研究数据对如何讲好"江西故事",如何提升文化价值和内涵,如何提升江西国际媒介形象提出了建议。

3. 研究方法

通过文献研究法对有关新媒体传播、媒介形象、信息设计、传播方式及其手段的论文、专著和相关资料进行阅读,了解国际媒介形象研究现状、研究范式和前沿动态等。这些文献将构成本案例研究理论层面的研究基础及资料来源,通过撰写文献综述梳理出有关地区国际媒介形象的传播方式,以便于能够形成有价值的研究经验。

通过统计分析法对江西省各地级城市经济、政治、文化等方面的国际性报道进行收集整理,通过对数据的统计分析与整理,对研究对象进行数量、性质、倾向等方面的归纳总结,认识和把握信息来源间的相互联系和传播规律。本研究特别结合了图表分析和文字分析,形式直观易懂,使得研究的内容更具客观性和权威性。通过统计分析法这种比较科学、精确和客观的研究方法,为相关的江西省国际形象研究提供一定的数据和依据。

内容分析法是一种对媒介传播内容进行客观、系统、定量描述的研究方法。在传播研究中,该方法可以通过研究媒介上的具体内容来推测和再现真实世界里的社会观念和行为,也可通过比较不同媒体之间的内容差异,推断传播者的特征与态度等。文本分析法是研究媒体内容的多种方法的总称,它是研究者用来描述和解释媒介信息的一种研究方法,侧重于描述文本的内容、结构和功能,解释深层的潜在意义。① 对于本节的研究而言，使用内容分析法可对目前中西方主流媒体对江西的英文报道进行摘录、翻译与整理，对其报道的类别进行分类及词频分析和样本归类，力求从报道类别的数量差异上反映江西国际媒介形象的基本构成。同时，对较有代表性的新闻报道进行文本分析，从文本研究视角验证内容分析的结果，用于再现江西国际媒介形象，比较中西方主流媒体对江西英文报道的内容差异，推断西方媒介对江西的态度等。

一般而言，内容分析法的研究过程为提出研究问题、抽样、编码、分析数据、报告研究结果，本研究同样依照此过程进行。使用文本分析法是为了再现部分有典型性对江西英文报道的潜在意义，从另一种视角证明内容分析研究的结果。

比较法是归纳法和比较法的结合，通过对分散的、无序的内容加以结构化和系统化整理，而后进行归纳比较，从而发现其中的异同点。通过收集江西11个城市相关国际方面的报道，进行对比和归纳，找出江西国际媒介形象中的共性问题，以便为后期研究提供合理可行的传播策略。

4. 研究对象的抽样方法

对国际媒介形象的研究理应采用多语言、多国家的研究视角，但鉴于多语言、多国家的研究条件与能力有限，故选取中西方主流媒介对江西的英文报道为抽样对象。跟踪研究了江西国际形象的变化和发展约3年时间，在不同时间进行了两次方法类似的抽样和分析。对第一次抽样的结果主要做了文本分析，第二次抽样的结果主要用于内容分析。

第一次抽样在西方媒介的报道内容来源上选择BBC、CNN、Fox News等国际媒体，在国际通讯社新闻机构搜索上选择美联社、法新社与路透社等。在国内对外英文传播的内容来源上，选择CCTV-NEWS、China Daily Newspaper、China Daily Website、新华网英文版等。使用关键词"Jiangxi"在各类媒介上进行搜索，搜索日期为2018年2月12日。根据一般人阅读习惯与数量，结合各媒体报道数量多寡与时效，选择前30~40条新闻作为研究对象，共获取相关新闻报道212条。其中西方主流媒体对江西报道78条，国内对外传播英文媒体对江西报道134条，具体新闻来源与搜索方法如表2-4-1所示。

---

① 陈阳. 大众传播学研究方法导论[M]. 北京：中国人民大学出版社，2015.

表 2-4-1　新闻研究样本来源表

新闻来源	搜索方法	选择新闻条数
BBC	默认排序搜索"Jiangxi"	前 30 条
CNN World News	默认排序搜索"Jiangxi"	仅有 20 条新闻
Fox News	默认搜索"Jiangxi"	共 76 条结果，选择前 30 条
美联社、法新社、路透社	搜索"Jiangxi"	均无江西相关机构可查询
CCTV-NEWS	以相关性为序搜索"Jiangxi"	2269 条结果，选择前 40 条为样本
China Daily Newspaper	仅搜索以 Jiangxi 为标题的信息，且消息来源为 China Daily 报纸	共 33 条信息，仅选择 2013 年后的新闻，共 23 条
China Daily Website	全网信息量较大，故仅搜索以 Jiangxi 为标题的信息，翻译消息来源为 China Daily 与 People's Daily Online	共 391 条信息，选择网页新闻前 40 条
新华网英文版	搜索新闻头条中含关键词"Jiangxi"的信息	共 59 条，选择前 40 条

　　第二次抽样的新闻来源与本文内容均有扩大，选取了 CCTV、China Daily、人民网、新华社 4 家国内主流对外媒体和 CNN、Fox News、《华盛顿邮报》《洛杉矶时报》4 家国际主流媒体作为研究对象和主要信息来源，样本抽取时间段在 2019 年 2 月。具体方法是将这 8 家主流媒体中所报道的发生在江西地域内的新闻事件或内容等作为样本。为了获得全面和准确的数据，在 8 大媒体网站收集和整理了全国 25 个区域的报道，同时还收集了国内 4 家对外媒体对江西 11 个城市的报道。此外，选择了 18 个能够代表江西的关键词，收集了与此对应的相关报道，进行统计和分析，从而得出江西整体的国际媒介形象。

　　5. 内容分析的研究编码体系设计和信息视觉化设计说明

　　对相关新闻进行翻译后，进行报道方向上的编码分类，共分为"反腐""经济""体育文化与历史""社会""旅游风景""自然灾害""事故""疾病""政治""反恐与法律"十类编码。研究根据各编码分类的多寡来定性江西国际媒介形象，并对所有报道的英文标题进行词频分析，从词频高低这一角度可确定江西国际媒介形象。

　　在信息爆炸和数字"碎片化"阅读的快节奏时代，信息视觉化是一种让读者可以快速理解并接受的表达和呈现方式。它以设计为手段和依托，把各种复杂和海量的信息绘制成图表的形式，从而使读者能够在较短的时间内清晰准确地掌握作者所要传达的内容，传递有效的信息。信息视觉化的表达并不是单一地展现数据和信息，而是通过信息的可视化帮助受众清晰地理解数据和信息背后深层次的含义和价值，从而让受众产生浓厚兴趣和进行深度思考。对于江西国际形象的呈现，研究多以图片、表格形式进行表现。

（四）研究的理论基础

1. 刻板印象

"刻板印象"这一概念相信很多人都有所了解。研究发现，大众传媒所进行的报道在一定程度上会影响受众的认知。当媒体报道倾向于正面时，受众对区域的认知往往持正面态度；当媒体报道倾向于负面时，受众往往会对该区域持负面看法。大众媒体对江西的报道会在不自觉中影响人们对江西的认知。

本节将通过前期数据的整理和分析，研究国内和国际主流媒体中涉赣报道的新闻报道数量、新闻倾向性、报道内容、报道题材等，从而得出江西在国内和国际上的整体媒介形象，并探究其原因和提出相关的策略。通过前期数据整理和分析可以发现，所选的国内几家对外媒体对江西的国际媒介报道大部分以正面报道为主，正是在这种刻板印象的影响下，受众对江西省持积极的态度，往往会对江西产生好感，产生探究欲，从而有利于推动江西省国际媒介形象的构建，带动江西经济、政治、文化等方面的发展和提升。然而，所选的几家国际主流媒体对江西的国际媒介报道大部分以负面报道为主，所以受众会对江西持消极的态度，给江西贴上各种负能量的标签并产生刻板印象，从而直接影响受众对江西的感知和认同，将给江西的发展带来负效应，阻碍其成长和发展。

2. 拟态环境

拟态环境是传播学和舆论学的术语。大众对一个省份的印象和认知，很大程度上取决于新闻媒体对该省份的报道。当积极报道居多时，有利于塑造该省份的媒介形象；当消极报道居多时，不利于该省份形象的建构，对其起到消极的影响。

由于所选的几家国内主流对外媒体对江西的国际媒介报道总体上以正面报道为主，其向大众构建的拟态环境是积极的，即以正能量为主，报道的都是江西积极向上的一面，这将在很大程度上帮助塑造江西省的国际媒介形象，增强受众对江西省的认同感和归属感。而所选的几家国际主流媒体对江西的国际媒介报道总体上以负面报道为主，其向大众构建的拟态环境是消极的，即以负能量为主，报道的都是江西消极负向的一面，这将在很大程度上增加受众对江西省整个环境的不安感和焦虑感，不利于江西省国际媒介形象的塑造和建构，使得受众总是对江西持消极的认知态度，也影响了国际受众和外国游客对江西的投资和向往。

3. 议程设置理论

"议程设置功能"作为一种理论假说，是由美国传播学者提出来的。通过议程设置理论我们可以知道，媒体对某个区域报道的数量越多，该地区就越能被公众所熟知，该区域的影响力和知名度也就越大；相反，媒体对某一区域报道越少，公众了解得也就越少，人们对其关注度也就不高，该地区存在感也不强。

通过数据整理和分析可知，国内外几家主流媒体对江西省国际媒介形象报道数量较少，在全国23个省级行政区和2个特别行政区中排名第23名，排名靠后。这将直接影响大众对江西省地位重要性的判断，也体现了江西在全国的知名度和关注度不高，影响力欠缺。这也在一定程度上严重阻碍了江西省国际媒介形象的构建和重塑，不利于江西省的国际化发展。

（五）2018年2月第一次抽样研究结果

1. 中西方主流媒体对江西英文报道的内容分析

（1）编码分类方法

本研究对第一次数据收集的报道进行内容分析，对象分为三个部分，即西方主流媒体对江西英文报道的内容分析、国内主流媒体对江西英文报道的内容分析、中西方主流媒体对江西英文报道的总体内容分析。在编码分类后，计算各类编码占比。同时，对中西方英文媒介上江西报道的头条进行词频排序，使用Nvivo质性分析软件查询词频，手动屏蔽重复较多且对研究有干扰的"China""Chinese""Jiangxi""Province"四词后，留下能影响媒介形象的词汇频次列表，生成可视化的词频云图。

翻译相关新闻后，选择了212条涉赣报道，并对其进行编码分类，共分为"反腐""经济""体育文化与历史""社会""旅游风景""自然灾害""事故""疾病""政治""反恐与法律"十类编码。研究根据各编码分类的多寡来定性江西国际媒介形象，并将所有报道的英文标题进行词频分析，从词频高低这一角度确定江西国际媒介形象。同时，对中西方英文媒介上江西报道的头条进行词频排序，手动屏蔽重复较多且对研究有干扰的"China""Chinese""Jiangxi""Province"四词后计算各类编码占比，如表2-4-2所示。

表 2-4-2　中西方主流媒体对江西英文报道的编码分类一览表

新闻类别	西方报道新闻数量	占比	中方报道新闻数量	占比	总体新闻数量	占比
自然灾害	19	24.36%	7	5.22%	26	12.26%
政治	3	3.85%	7	5.22%	10	4.72%
体育文化与历史	2	2.56%	24	17.91%	26	12.26%
事故	19	24.36%	13	9.70%	32	15.09%
社会	9	11.54%	16	11.94%	25	11.79%
经济	2	2.56%	26	19.40%	28	13.21%
疾病	7	8.97%	6	4.48%	13	6.13%
反恐与法律	9	11.54%	1	0.75%	10	4.72%
反腐	8	10.26%	4	2.99%	12	5.66%
旅游风景	0	0.00%	30	22.39%	30	14.15%

（2）词频分析

从西方主流媒体对江西的英文报道类别的占比看，自然灾害、事故、疾病类占了所有报道的一半以上，而反腐、反恐与法律类别占了20%以上。因此，西方主流媒体上的江西国际媒介形象可推断为"一个事故、灾难和疾病多发、腐败与恐怖违法活动时有发生"的省份。很显然，西方主流媒体对江西的英文报道在很大程度上存在着偏见和对江西形象不利的议程设置。

相对于西方主流媒体对江西报道的偏见与不实，中方主流对外传播媒体较为客观，且更加注重对江西省形象的正面塑造。从编码分类结果上看，"旅游风景""体育文化与历史""经济"类报道的权重占了所有报道的一半以上。因此，在中方主流对外传播媒体上，江西国际媒介形象可以推断为"一个风景秀丽，经济有活力，体育文化与历史有特色"的省份。虽然在中方主流对外传播媒体上也有事故、自然灾害与疾病类新闻，但并不占报道数量的大多数，属于对客观事实的报道，并不会对江西国际媒介形象产生直接的负面影响。如从更宽广的研究视角将中西方主流媒体对江西的英文报道的内容进行分析，各类编码没有显示出明显的数量上的偏向。

（3）英文报道的省际数量对比

江西国际媒介形象现状研究的前提是江西在国际媒体上有一定的影响力，中西方主流媒体对江西英文报道的数量的多寡是反映影响力的重要指标。研究选取与江西地理位置邻近的省份，对比各省在中西方主流媒体英文报道数量上的多寡，见表2-4-3。

表2-4-3　中西方主流媒体对各省份英文报道数量一览表。

省份	CNN World News	Fox News	China Daily Newspaper	China Daily Website	CCTV NEWS	新华网英文版
江西	20	76	33	391	2613	97
安徽	40	70	74	924	2583	99
浙江	89	187	121	742	6591	195
湖南	51	121	91	600	2949	83
湖北	44	88	54	611	3249	143
江苏	60	112	95	754	4629	220
广东	140	217	423	1648	9590	176
福建	61	158	157	2638	3733	120

从中西方主流媒体对江西与周边各省的英文报道数量看，江西的国际媒介影响力较弱。对比2017年各省国内生产总值排行与报道数量的关联性发现，英文报道多寡与各省经济水平呈正相关，如广东英文报道数量与国内生产总值排名均为第一，江西在所列省份中国内生产总值最低，英文报道数量也最少。同时从样本上看，存在浙江、福建等在报道数量上超过其经济地位的省份，说明经济实力和媒介影响力并不完全一致。对比研究结果可知，江西省在中西方主流媒体的英文报道数量上与其经济地位相符，但参照浙江与福建省情况，江西省有机会突破经济地位的限制，通过增加国际报道数量来提升江西国际媒介影响力。

（4）英文报道的词频分析与可视化呈现

从中西方媒介对江西英文报道标题的词频分析结果来看，基本情况与新闻类别编码分类结果类似。在西方媒介对江西的英文报道中，"typhoon""collapse""kills""least""killed""deadly""dead"占了词频前几位，其中大部分词语有负面含义，与死亡相关的词汇就占了四个，可见西方媒介偏向于报道江西负面消息。在中方主流对外传播媒体上，涉及江西的词频分布较为均衡，中性词较多，无比较突出的偏向。综合分析中西方主流媒体对江西报道的全部头条词频数量可知，负面词汇较多，整体媒介形象偏向负面。

从词语云图中可直观地将江西国际媒介形象视觉化，分别显示出西方、中方和中西方主流媒体对江西报道的词频分布情况，如图 2-4-1、图 2-4-2、图 2-4-3 所示。

图 2-4-1　西方主流媒体对江西报道词频（2018 年第一次抽样）

图 2-4-2　中方主流对外传播媒体对江西报道词频（2018 年第一次抽样）

第二章 中国故事的"他塑"与"自塑"

图 2-4-3 中西方主流媒体对江西报道词频（2018 年第一次抽样）

2. 对部分典型报道的文本分析和内容分析

（1）西方媒介对江西经济、社会、体育文化与历史的英文报道相对公正

除对西方报道内容的分析外，本书选择相对中性的"经济""社会""体育文化与历史"报道。在所有研究样本中，这三类报道共 13 条，逐条对报道的性质内容进行文本分析，判定报道是否存在偏向性。从"经济"与"社会""体育文化与历史"类报道的性质内容来看，有 4 条负面新闻、2 条正面新闻、7 条中性新闻，基本能够客观地反映江西省的实际情况，具体分析如表 2-4-4 所示。而其他类别新闻对江西的报道更偏向于负面新闻，限于篇幅不再一一列举分析。从文本分析角度上可以断定，西方媒介对江西经济、社会、体育文化与历史的英文报道相对公正。

表 2-4-4 西方媒介对江西经济、社会、体育文化与历史的英文报道文本分析

新闻标题	新闻内容的文本分析与判断
China staff paid in bricks to top up unpaid wages	江西南昌一砖厂用砖头作为工资发放给工人，易对江西形象带来负面影响
China woman faints after breaking jade bracelet in jewelry shop	江西女子打碎天价手镯后当场吓晕，可以判定为中性新闻，对江西形象影响不大
Diggers demolish overpass in china in one night	南昌挖掘机一晚上拆除天桥，对中国的施工能力进行夸奖，对江西正面形象塑造有帮助

续表

新闻标题	新闻内容的文本分析与判断
Chinese anger over's sex degrades girl's textbook comment	民众对涉嫌"重男轻女"教科书表示愤慨，事发江西出版社。易对江西形象带来负面影响
Unknown dinosaur almost blown to oblivion	江西发现恐龙化石，中性新闻
China's fake sanitary sparks health concerns	假卫生巾引发担忧，江西制假。易对江西形象带来负面影响
The little boy who looks like one of China's richest men	小男孩长得像中国首富马云。中性新闻
China：3D printer helps separate conjoined twins	中国3D打印技术帮助连体婴儿分离，事发江西。对中国技术的正面报道
Why tents are popping up in Chinese colleges	报道中国大学生新生报名时，家长集体睡帐篷。事发江西和其他省份，为中性新闻
Photos：Two-headed animals	照片组新闻：江西双头动物。为中性新闻
Disney characters appearance at rival Chinese theme park stirs potential legal tiff	南昌万达乐园使用迪士尼形象，为负面报道
600-year-old Buddha statue emerges from lake	江西600年佛像被发现，中性新闻
Fake story reflects real divide between rural, urban Chinese	网络编撰故事：女孩跟男友回农村过年，第一顿饭后想分手，反映中国农村与城市差异。中性新闻

（2）从个别报道看西方主流媒体对江西新闻采编价值的态度

在西方对江西英文报道中，有两个事件的报道在各媒体多次重复，有典型性研究价值。一是伊万卡·特朗普鞋品牌供应商隐藏激进分子被拘捕事件的报道，共在研究样本中出现了3次；二是对2016年江西丰城电厂施工平台倒塌事件的报道，共在研究样本中出现了10次。在西方媒介看来，伊万卡·特朗普和激进分子均具有话题性，实际上事件只是发生在伊万卡品牌在江西的代工厂，工人因加班工资问题抗议被拘留。该代工厂生产各类品牌的鞋子，只因也生产了特朗普女儿旗下品牌的鞋就被"上头条"。可见在西方媒体看来，若新闻本身重要性不足，则新闻的话题性是选择新闻的第一价值。同时，西方媒介热衷对中国的灾难进行报道，一旦出现诸如丰城电厂倒塌事件且死亡人数较多的新闻，就可能引发西方媒体的系列报道与转载。

（六）2019年2月第二次抽样研究结果

1.江西国际国内报道的数量与影响力研究

通过对报道数量和报道内容来分析国内和国际主流媒体中江西相关报道，能够在一定程度上反映江西省和其他所选取研究省份的影响力、存在感、知名度、关注度及其整体形象。研究从五个角度来分析比较江西的媒介知名度和影响力。第一个角度是通过收集国内主流对外媒体对全国各个省份的报道数量，并进行比较和分析。第二个角度是通过收集国际主流媒体对我国各个省份的报道数量，并进行对比和分析。第三个角度是把国内外主流媒体的报道数量汇总，即国内的报道数量加上国际的报道数量，从而全面、综合地比较江西媒介影响力如何、存在感如何。这也从很大程度上体现了大众主流媒体对江西省的关注程度和重视程度，也为后期江西国际媒介形象的塑造提出建设性的策略和方法。第四个角度是考察江西各市的国际媒介报道数量，能从另一个角度考察目前江西省的国际存在感。第五个角度是对江西特色文化关键词在国际报道中的数量进行研究，以此寻找江西跨文化传播突破口。

（1）角度一：国内报道数量的数据呈现与分析

通过前期对全国数据的收集和整理进行分析。如表2-4-5所示，国内所选的几家主流对外媒体对江西的关注度并不高。在选取的23个省级行政区和2个特别行政区当中，江西省的国际新闻报道总数排在第21名，排名偏后，沿海省份被报道得比较多。由此可以知道，江西在国内对外传播媒介上和其他沿海省份相比，影响力较小，存在着一些差距，因此江西省的媒介形象有待于进一步强化。

表2-4-5 国内媒体报道数量分析

省级行政区	数量（条）
广东	58474
台湾	55072
四川	52715
浙江	46587
江苏	44484
山东	39795
福建	30048

续表

省级行政区	数量（条）
云南	27659
河南	27597
河北	26495
湖北	24176
湖南	22868
辽宁	21641
陕西	21628
安徽	21614
贵州	20628
山西	20582
澳门	20210
海南	18788
甘肃	16450
江西	15620
吉林	14555
黑龙江	14243
青海	12433
香港	1860

数据来源：CCTV、China Daily、新华社、人民网对外报道。

（2）角度二：国际报道的数据呈现与分析

如表2-4-6所示，国际媒体对江西的关注度同样也不高。国际媒体对江西省相关国际新闻的报道数量在23个省级行政区和2个特别行政区当中排名第21，排名偏后。由此可以知道，江西在国际上的知名度较小，存在感较低；和其他省份相比，影响力较小，差距比较明显；江西省的国际媒介形象有待于进一步加强。值得特别关注的是，国际媒体对台湾省报道较多，应该引起国内媒体的高度重视和关注。

表 2-4-6　国际媒体报道数量分析

省级行政区	数量（条）
台湾	28176
四川	4093
浙江	1752
山东	1670
湖南	1660
海南	1502
广东	1452
云南	1326
福建	1273
河南	1214
江苏	1106
辽宁	983
河北	969
安徽	866
澳门	815
陕西	776
山西	743
湖北	727
甘肃	710
贵州	707
江西	617
青海	506
黑龙江	480
吉林	467
香港	202

数据来源：CNN、Fox News、《华盛顿邮报》《洛杉矶时报》对外报道。

（3）角度三：报道比重的数据呈现与分析

如表 2-4-7 所示，所选的国内主流对外媒体和国际主流媒体对江西的关注度并不高。和全国其他省份相比，江西省的国际报道总数占总报道数的比重为 2%，排名第 21 位。综上所述，江西不仅在国际上知名度较小，而且在国内也缺乏知名度和影响力。无疑媒介形象的塑造会影响大众对江西形象的认知和了解。提升江西国际媒介形象是加强江西建设的重要任务之一。

表 2-4-7　国内和国际媒体报道数量分析

省级行政区	数量（条）	比重（%）
台湾	83248	11
广东	59926	8
四川	56808	8
浙江	48339	7
江苏	45590	6
山东	41465	6
福建	31321	4
云南	28985	4
河南	28811	4
河北	27464	4
湖北	24903	4
湖南	24528	3
辽宁	22624	3
安徽	22480	3
陕西	22404	3
贵州	21335	3
山西	21325	3
澳门	21025	3
海南	20290	3
甘肃	17160	2
江西	16237	2
吉林	15022	2

续表

省级行政区	数量（条）	比重（%）
黑龙江	14723	2
青海	12939	2
香港	2062	2

（4）角度四：江西各城市国内报道数量的数据呈现与分析

通过搜索江西11个城市相关国际报道所得出的数据（如表2-4-8所示），我们可以知道大众主流媒体对南昌、九江、景德镇等地的报道较多，其存在感较强。南昌被称为"英雄城"，景德镇有着"千年瓷都"的美誉。而对于吉安、鹰潭、宜春等城市的报道较少，其存在感较弱。塑造良好的江西国际媒介形象不应忽视各个地方城市，应打造各个地方的特色，这样才能提升江西的知名度和影响力。

表2-4-8 江西各个城市报道数量分析（国内）

城市	数量（条）	比重（%）
南昌	3121	47
九江	816	12
景德镇	718	11
抚州	493	7
赣州	485	7
上饶	274	4
新余	194	3
萍乡	159	3
宜春	158	2
吉安	142	2
鹰潭	124	2

数据来源：CCTV、China Daily、新华社、人民网对外报道。

（5）角度五：特色报道的数据呈现与分析

本研究通过所选的国内对外宣传媒体搜索了江西18个关键词所得出的数据如表2-4-9所示，我们可以知道媒体对红色旅游、绿色生态、鄱阳湖、瓷器等内容报道得较多，不可否认这些都是江西无形的名片和"代言人"。一提到江西，人们很容易想到这些。然而，对于脐橙、江西名人和旅游景区的报道却很少，报道的内容越少，受众对其感知也就越弱。提升江西国际媒介形象离不开这些特色的报道，因此国内对外媒体应该加强这些方面的宣传。

表 2-4-9 江西特色报道分析（国内）

关键词	报道数量（条）
红色旅游	1222
绿色生态	733
鄱阳湖	552
瓷器	512
南昌大学	448
茶	409
革命	355
婺源	319
客家	110
井冈山	94
庐山	69
龙虎山	58
三清山	39
滕王阁	36
汤显祖	36
脐橙	16
王安石	6

数据来源：CCTV、China Daily、新华社、人民网对外报道。

2. 江西媒介形象可视化呈现和传播效果分析

（1）针对涉赣报道数量的可视化呈现

①国内与国际媒体报道数量信息呈现

如图 2-4-4 与图 2-4-5 所示，通过收集国内外主流媒体对全国 23 个省级行政区和 2 个特别行政区的报道数量，把这些数量汇总，即国内媒体报道数量加上国际媒体报道数量，从而比较出江西在国内和国际的影响力和存在感如何。

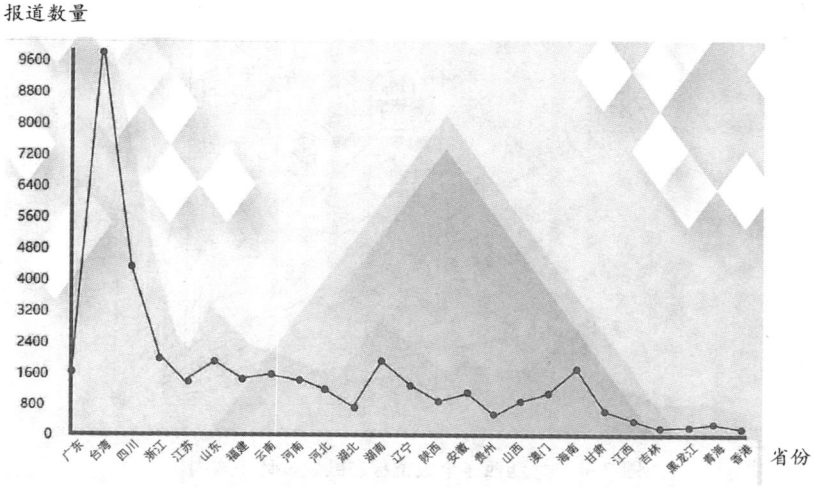

图 2-4-4　国际媒体报道数量设计

利用同心圆的元素，越往外，辐射的面积越大，表示主流媒体对某一省份报道的数量越多。通过所占比来体现各个省份在全国所占的比重。

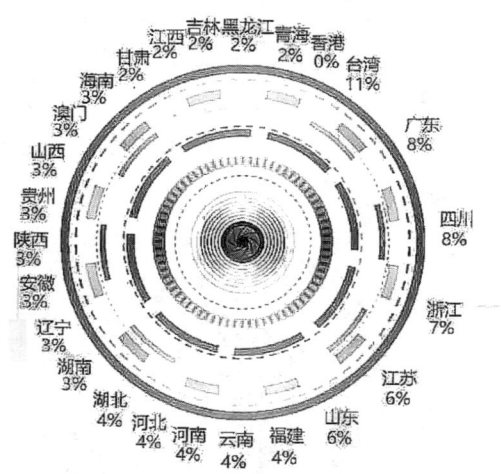

图 2-4-5　国内和国际媒体报道数量设计

②江西各个城市报道数量信息呈现。

如图 2-4-6 所示，前期通过收集所选国内主流对外媒体对江西各个城市的报道数量并进行设计。借助小圈圈和大圈圈的元素来反映江西 11 个城市的报道数量，圈圈越大，报道数量越多；反之，圈圈越小，报道数量越少。同心圆好比江西省，线条整个辐射出去，向外扩散。用圈圈的大小和面积来体现江西各个城市的报道数量，从而体现江西 11 个城市的国际影响力和国际媒介存在感。

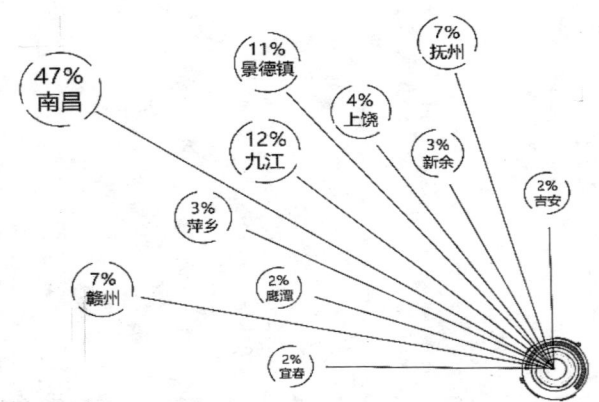

图 2-4-6　江西各个城市报道数量设计（国内）

（2）针对词频统计信息的可视化呈现

报道态度、报道主题、报道倾向和事件性质是报道内容的几大重要组成部分，对这些要素进行分析、归纳和整理，能够从整体上概括出江西在国内和国际主流媒体中的媒介形象，从而使得受众通过对江西的报道对其有一个大致的了解和认知。

如图 2-4-7 所示，本书通过选取国内主流对外媒体搜索"江西"这个关键词，摘录相关报道的题目，将这些标题汇聚起来，单词所占面积越大，说明媒体报道的次数越多、频率越高。一方面不仅能够反映出媒体报道的内容，另一方面也体现了主流媒体对江西的报道倾向和报道特点。

图 2-4-7　江西报道内容分析（国内，2019 年第二次抽样）

国内所选的几家媒体对江西国际媒介形象的报道以正面报道为主，即积极报道偏多，主要对鄱阳湖、脐橙、旅游、风景、人等方面进行正向报道，有利于塑造江西积极的国际媒介形象。新闻报道的倾向性影响人们对事件的看法，进而影响区域形象的构建。当媒体的报道倾向于正面时，受众对区域的认知往往持积极态度。

如图 2-4-8 所示，所选的国际媒体对江西国际媒介形象的报道以负面为主，即消极报道偏多，主要对伤亡、坍塌、洪水、台风等自然灾害等方面进行负向报道，增加了社会成员对所处环境的不安感，不利于江西国际媒介正面形象的塑造和构建。当消极、负面情绪居多时，便容易引导受众对事件形成负面的认知。当媒体的报道倾向于负面时，受众往往也对该地区持消极看法。

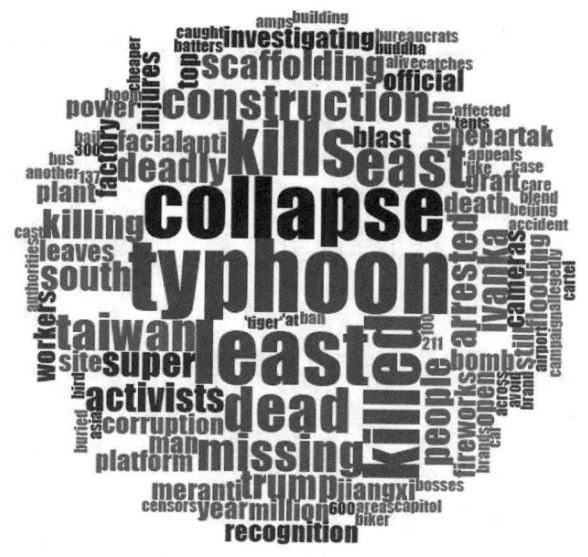

图 2-4-8　江西报道内容分析（国际，2019 年第二次抽样）

所选的国内主流对外媒体和国际主流媒体对江西报道内容汇总得出的数据，概括来讲，如图 2-4-9 所示。所选的国内主流对外媒体和国际主流媒体对江西的报道以负面报道为主，正面报道次之。报道台风、倒塌、死亡、伤害等方面较多，其中也涉及发展、景色、旅游等相关内容的报道。但总体上仍以负面报道居多，很大程度上影响受众对江西媒介形象的感知，往往起到消极的作用。这也从侧面反映出媒体的报道往往带有一定的倾向性，在一定程度上代表了阶级、政党及政治集团的利益。

图 2-4-9　江西报道内容分析（国内＋国际，2019 年第二次抽样）

上述情况应当引起国内主流媒体的高度重视。负面报道居多时，在很大程度上会增强受众对所处环境的恐惧感和不安感，即当主流媒体对江西的国际媒介形象以负面报道居多时，国际媒介受众对江西所处环境的不安与担忧将增强，容易带来不好的刻板印象，同时也不利于江西国际媒介形象的塑造与建构，从而进一步影响江西对外交流。

二、江西国际媒介形象建构需解决的若干问题

（一）理论认知是前提——国际媒介形象是西方还是东方建构的

在制定江西国际媒介形象建构策略之前，需要在理论上和研究视角上有清醒的认识。目前对于国际媒介形象的研究是基于西方英语文化圈进行的，较少在多语言、多文化范式下进行研究。首先，在研究的便利性上进行阐释，英语作为国际通用语言和科研的主要通用语言，造成了目前大部分的国际传播研究是基于英语文本进行分析的，本研究也同样受到此限制。其次，从文化帝国主义的研究视角看江西国际媒介形象乃至中国形象，文化与传播的话语权大部分依旧掌握在西方媒介手中。最后，对于国际媒介形象的研究，无论是理论架构还是研究方法基本都是西方建构的。

在全球多极化及文化多元化的今天，对国际媒介形象的阐释是否可以从东方

和更加多元化的视角进行？如果无法打破西方媒介对国际话语权的垄断局面，是否可以另辟蹊径，从不同国家、不同语系、不同文化传播入手，寻找合适的传播方向与伙伴，利用合适的传播内容以碎片化、项目化等方式进行有利于江西及中国形象的传播？这可以是今后研究的新方向与理论体系。

（二）谁来向世界介绍江西？——解决传播机构是基础

当前，全球新闻舆论场"美英垄断，西强东弱"的基本格局依然没有变，在中国对外传播媒介影响力受限、西方主流媒体对江西报道存在偏见的情况下，谁能公正、有效地向世界介绍江西，是江西国际媒介形象建构遇到的最大问题。在江西这个暂无自有英文新闻采编机构，又无国外新闻机构进驻的省份，是否只能靠国家媒体的宣传？面对当前江西国际媒介形象建构的困局，建立江西对外传播机构是媒介形象建构的基础，同时也是较为困难的一个问题。江西省级电视台、报纸是否有能力"出海"？"走出去"后能否健康地"活下去"？其中涉及传播机构的体制、投资、管理等问题都需要有关机构做中长期规划。

（三）解决国际传播伙伴和传播方向的问题——"一带一路"是突破口

构建良好的江西国际媒介形象还需要确定国际传播伙伴和传播方向。在"一带一路"倡议之前，我国国际传播的方向主要是针对西方，也做了不少有益的尝试。但从本研究的数据上看，对于省级媒介形象的构建而言，向西方传播的效果差强人意。"一带一路"国际合作不仅在经济上、政治上加深了我国对外开放的程度，在国际传播上也打开了新的思路。随着"一带一路"国际合作的不断深化，近年来我国采取多种方式与周边国家媒体开展交流合作，在传播组织合作上和传播内容合作上都有了新突破，能够更好地讲好中国故事、传播好中国声音。

例如，在传播组织的合作上，由中国中央电视台、中国国际电视总公司在2016年5月初在阿拉伯广播电视节上倡议发起"丝路电视国际合作共同体"，来自五大洲29个国家和地区的41家媒体与制作机构加入该共同体。之后，共同体成员一直在持续增加中，该组织在国际合拍、合办频道、节目播出和信息共享等方面进行了有效的合作。在传播内容的合作上，中央电视台中文国际频道国际传播项目《亚媒看中国》正是国际传播一次有益的新闻实践。该项目邀请了包括日本、俄罗斯、印度、老挝、巴基斯坦、菲律宾、尼泊尔、柬埔寨、越南等十余个亚太国家的主流媒体来华，进行科技领域的联合采访与报道，在2017年10月前后相继刊播。

（四）传播定位与策略——向世界讲好"江西故事"

1. 跳出国内视角对江西国际形象进行重新定位

目前江西暂无固定的国际形象定位，在研究如何向世界讲好"江西故事"之前，须先定位向世界讲好一个怎样的江西。国内对江西形象的定位无外乎是"红色江西"和"绿色江西"，也有部分学者提出了"六色"江西，加上了"橙色""青色""古色""客色"，即将脐橙、陶瓷、悠久历史、客家文化等加入了江西的形象定位。但是国内对江西的形象定位大部分未必适用于国际形象传播。首先，"红色江西"所带来的意识形态的差异、冲突将导致大多数国家的抵制；其次，"绿色江西"与"橙色江西"的国内定位虽然体现了江西农业大省的地位，但在国际媒介形象上看，宣传农业大省可能会带给受众"江西落后"的直接感受。"客色"所说的客家文化在国际受众的视角上，除华侨外极少会有人能理解其特色。

当下，只有"古色"与"青色"两种定位能与国际传播环境相适应。国际上对中国文明古国的形象定位持认可态度，江西作为国内历史文化资源较为丰富的省份，应该发挥其古文化的优势地位。以陶瓷文化定位江西的原因可从古代历史上发掘，国际上对中国的认知最初就是从陶瓷艺术品开始的。江西景德镇的陶瓷在17世纪至18世纪中欧"海上丝绸之路"起就成为欧洲贵族竞相追逐的奢侈品，因此利用陶瓷文化传播江西形象是可行的。

2. 借势"一带一路"，利用陶瓷文化建立构建江西国际媒介形象的窗口

从调研数据分析，目前江西的对外传播活动是没有合理组织和统一策略的，造成了目前江西国际媒介形象的混乱与失控。有效地构建江西国际媒介形象，除建立相关机构外，制定合适的策略也是必要条件之一。有关机构可以结合江西国际媒介形象的"古色"与"青色"定位，利用国际上对中国陶瓷文化的认可，借势央媒等"一带一路"对外传播政策与节目。例如丝路电视国际合作共同体译制的，包含了诸如英语、西班牙语、法语、阿拉伯语、俄语等多语种版本的纪录片《瓷路》，较好地借势"一带一路"推广了陶瓷文化。其中有大量篇幅讲述了江西景德镇陶瓷，是"一带一路"周边国家认识江西的一个优质窗口。

3. 积极报道景德镇"洋景漂"现象，利用"外国人"讲好"中国故事"

在景德镇陶瓷文化的范畴中，目前最有国际新闻传播价值的内容为"洋景漂"现象。"洋景漂"，又称为外籍"景漂"，是对在景德镇留学、创业、生活的外国人群的称呼，据新华社报道，截至2022年底，在景德镇有5000多个"洋景漂"。

"洋景漂"是近几年国内较有代表性的跨文化交流现象，其在地域上的相对集中、身份结构上的类似、工作领域的单一性，使得"洋景漂"现象成为研究国际文化传播与交流的优质对象。报道"洋景漂"现象对于建构江西国际媒介形象的意义在于抛弃了以中国人的视角介绍中国的传统模式，改为报道在中国江西生活的外国人，利用"外国人"对外讲好"中国故事"，理论上符合传播学贴近性原理，国外受众从心理上更易接受同胞身体力行地体验江西文化，讲述江西的吸引力。江西对外传播机构可以引入国外纪录片拍摄机构，对"洋景漂"现象进行跟踪拍摄，制作纪录片或微纪录片，在"一带一路"相关媒体上传播。

三、江西国际媒介形象研究结论及启示

江西是一个有着深厚历史文化底蕴和充满着生机与活力的发展中的内陆省份，在很多方面都具有得天独厚的条件和优势。例如，先进的数字技术和手段、新兴的传播媒介、廉价的人力资源等优势。这些优势都将为江西城市形象国际传播媒介策略的制订和实施提供良好的语境和传播环境，可以使国际传播受众不受时间和地域限制了解江西的历史和未来，关注江西事件，参与江西故事。

（一）要正确认识江西国际媒介形象

1. 受众媒介接触习惯是江西国际媒介形象的形成前提

从中西方主流媒体对江西英文报道编码类别的多寡来判定江西国际媒介形象，在研究的可行性和可测量的角度能作为江西国际媒介形象的判定标准。但如果从各国民众认知层面上探讨，江西国际形象是相对不可测和复杂的，它不仅会受到诸如人际传播、组织传播等其他传播方式的影响，还与受众接触媒介习惯息息相关。因此，要确定在受众个人层面或者在国家群体层面上的江西国际媒介形象，则需要从受众的媒介接触习惯上进行判定。这对于研究而言存在样本量过大、过于分散、研究条件不足等问题。就目前研究条件而言可以确定的是，如果国际媒介受众偏向接触和使用西方主流媒体，则对江西容易产生较为负面的印象；只有受众全面地接触中西方媒介，才能较为客观地认知江西国际媒介形象。

2. 西方主流媒体对江西报道存在议程设置

西方媒体长期以来对中国就抱有偏见，西方媒体对江西的报道虽没有直接歪曲事实，但在报道刊登内容的选择上存在着人为操纵的痕迹。首先，美联社、法新社、路透社等均无在江西的常驻机构，因此可以判断，西方主流媒体对江西的

报道多来源于转载,原创报道极少,直接歪曲事实的报道从新闻来源的角度而言可能性较小。其次,西方主流媒体在江西英文报道的内容选择上存在着人为操纵痕迹,对比中西方主流媒体对江西报道的内容偏向,发现西方主流媒体报道较多的"事故""自然灾害""疾病"类新闻,大多转载自国内主流对外传播媒介。西方主流媒体在转载新闻时,对于中国国内媒体英文报道中占比较多的"旅游风景""经济""体育文化与历史"类新闻却视而不见。从传播学议程设置的理论视角分析,西方主流媒体通过控制对江西英文报道的类别与数量塑造负面的江西形象。

面对西方媒体对江西英文报道的操纵,江西省级的新闻传播机构是否有能力进行抗争与反驳?首先,江西省无专业的对外英文媒体,在对外传播上几乎没有话语权,无法向国际上传播江西自己的声音。其次,西方主流媒体与通讯社是否愿意在江西设立常驻机构,用真实的双眼看江西,也是比较难以控制和实现的。最后,鉴于西方主流媒体对江西的英文报道均为转载国内主流媒体报道,虽然可以通过我国对外传播机构减少对江西省的相应负面报道,但有违新闻真实性,同样不可取。从目前的情况看,要减少西方主流媒介对江西省的负面报道,仅从江西省层面而言,需要解决的问题较多。

(二)创新江西文化价值和内涵

省域及城市国际形象是一张无形的"名片",将从一定程度上影响国际受众对该省份的认知和体验。诚然,江西城市形象国际传播的关注度和知名度仍然有很大的提升空间。江西拥有"红色文化""休闲之城""红色之都""田园城市"等城市形象品牌,但国际上对于江西省的认知度和关注度远远不及北上广深等地。因此,如何系统、合理地发挥江西在媒介技术与手段、人才资源等方面的优势,来塑造拥有较高知名度和国际影响力的大众媒介传播平台,改进和创新文化传播产品,延长文化产业链,提高附加值,这是当下我们需要做的事情。提升江西国际媒介形象存在较大的发展空间和潜力,前景向好,未来可期。

(三)讲好"江西故事"才能增强认同感和归属感

塑造和建构良好的江西国际媒介形象,应该做到以下几点:首先,突出媒介核心地位,形成有效的助力和推力。大众传媒作为宣传省域及城市文化和文明的重要力量之一,是江西省形象"走出去"的推广者和宣传者,而大众则是城市媒介形象建构的见证者和参与者。江西国际媒介应积极适应媒介大融合的趋势,有效改进传播方式，成为宣传江西城市国际形象的中坚力量。其次，发挥政府主导作用，进行多元传播。政府作为城市形象宣传的主要推动者和参与者，要想讲好"江西故事"，可以请外媒记者进行实地考察，政府也可以承办一些国际活动等。这些都是吸引外媒关注的有效途径和方法，能够在一定程度上减少外媒带有倾向性和片面性的报道。最后，深掘文化内涵，增强文化效力。无论是从大众传播媒介的角度来说，还是从国际媒介的角度出发，文化是一个民族永葆生机和活力的源泉。江西有著名的陶瓷文化、茶叶文化、稻作文化、书院文化等，提升江西国际媒介形象应该使这些文化形成系统和完整的体系，从而提高文化传播效力，增强文化归属感、认同感、尊严感和荣誉感。

　　如今，"一带一路"倡议不仅加速了经济带区域各省份的经济发展，同时也促进了沿线省份国际交流的广度与深度。保障各省跨国经济、文化交流的顺利，需有中国良好的国际形象背书，也需要各省份对各自国际形象传播有具体的目标与计划。江西省如何利用好"一带一路"倡议机遇，如何构建出良好的国际媒介形象是当下亟待解决的问题。目前，虽有对江西总体形象的研究，但对于江西媒介形象，无论是国内还是国际视角，相关研究成果都存在欠缺。本节以中西方主流媒体对江西的英文报道为研究对象，通过内容分析与文本都存在分析，解构了江西国际媒介形象的基本存在，对比了中西方主流媒体对江西报道的异同，推演了构建江西国际媒介形象的路径。在此，希望上述研究可以对广大读者有所启示。

第三章　国家形象建构视角下的外国人讲述中国故事

随着中国对外开放之门的进一步打开，中国与世界在各个方面的交往正在变得热络与频繁，越来越多的外国人开始与中国发生联系，他们或研究中国，或在中国工作、生活，或通过来华旅游感受不同的风土人情。我们理应给予足够重视，在潜移默化中帮助他们成为对外讲好中国故事的重要力量。本章将国家形象建构视角下的外国人讲述中国故事作为阐述中国故事的一个最新视角，主要从五个方面展开，即外国人阐释中国形象简史、新时期讲述中国故事的外国人群体、在华外国人述说的真实中国、量化研究视角：国家品牌和文化自信视角下的"洋网红"现象研究。

第一节　外国人阐释中国形象简史

国家形象是一个国家对自己的认知以及国际体系中其他行为体对它的认知的结合，它作为国家的软实力，不仅影响国家间的关系、政策走向，更影响社会公众的认知。自古以来，外国人就在用各种方式阐释和描绘中国，外国人对中国的描述史在一定程度上可以被视为认同中国软实力的一种体现。研究外国人阐释中国形象简史能够帮助我们更好地了解中国在国外的形象，便于更好地讲述中国故事。

一、20 世纪以前西方眼中的中国

国家形象影响本国民族精神的独立与自信，影响其他国家对本国的政策与关系。本节通过梳理史料，对西方中国形象特征进行概括整理，认为 20 世纪前期，中国的国家形象经历了被赞美、颂扬的巅峰期，理性与情感交织的调整期，以及被贬斥、鄙视的没落期。这些形象建构基于西方国家所处的特定历史阶段。首先，早期西方宗教势力强大，在其他方面发展缓慢，因此他们倾慕东方文明的繁华与

富足；其次，西方地理大发现与启蒙运动使西方在制度与认知上获得了极大的自信，对东方文明开始产生疑惑、动摇；最后，随着在鸦片战争及后续的一系列对华战争中取得胜利，西方国家开始全面按照其价值体系建构东方文明的弱者形象。

（一）18 世纪前被颂扬的中华文化

外国人最早描述中国形象的历史著作为希罗多得在公元前 5 世纪创作的《历史》[1]，体现出古希腊人对中国的敬意。在公元前 4 世纪，希腊文献中就出现了将中国人称为"赛里斯人"的记录。公元 2 世纪，罗马帝国历史学家阿里安在其著作中将中国人称为"秦人"。在蒙元统治时期，旅行者与商人则用自己的旅行游记使西方人对东方产生了梦幻般的联想。公元 1254 年，柏朗嘉宾在自己的著作中描述了一个遥远、辽阔、富饶而神秘的东方王国——契丹，此后整整 200 年间，西方不同类型的文本中，包括游记、信件、诗歌等都有关于契丹的记叙。

在 13 世纪之前，古阿拉伯人以获取贸易利益为由限制欧洲直接与中国人进行贸易往来，欧洲人一般通过商品例如瓷器、丝绸间接地了解中国。此时的中国形象对于欧洲人来说是朦胧且充满神秘感的。

13 世纪以后，中国西部疆域扩大，欧洲人获得了与中国直接往来的机会。14 世纪欧洲派遣传教士前往中国传教。传教士将中国的丝绸、瓷器等文化艺术品带回欧洲，借助信件和书籍描绘了中国的生活和社会文化，欧洲人了解的是传教士笔下的中国。13、14 世纪欧洲颇负盛名的《马可·波罗游记》《曼德维尔游记》和《鄂多立克东游录》三部著名的游记在西方流传，产生了极大的影响，中国被描述为国土广阔、统治严明、生活富足的国度，他国公民对中国无比向往。名噪一时的《马可·波罗游记》极尽所能描述中国无穷无尽的财富、巨大的商业城市、极好的交通设施，以及华丽的宫殿建筑等。对于仍处在黑暗的中世纪的西方来说，这些文字无疑是文明的灯塔，照亮了他们的心灵，开阔了他们的视野。

在 15 世纪至 17 世纪的 200 年中，宗教革命席卷了欧洲，天主教传教士为了传播天主的福音开始陆续前往东方传播天主教。他们学习中国语言文字、社会风俗，与儒家官员交往，了解仕族的精神追求与平民的市井生活。在向东方传播西方宗教、科学的同时，又将东方的文化输入西方。其中较有代表性的包括：1585 年门多萨所著的《大中华帝国志》，该书自出版至 1600 年共印刷 19 版，英、法、德、荷等 7 种欧洲语言的版本共印刷 46 版，其畅销程度可见一斑；1615 年意大利耶稣会士利玛窦所著《基督教远征中国史》（又名《中国传教史》）在欧洲引起

---

[1] 希罗多德. 历史[M]. 徐松岩, 译. 上海：上海人民出版社, 2018.

了巨大反响，被誉为"欧洲人叙述中国比较完备无讹之第一部书"。除此之外，还有汉学家卫匡国（原名马尔蒂尼，意大利籍传教士）的《中国上古史》（1658）记叙了从盘古开天地至西汉哀帝元寿二年（公元前1年）的历史，是第一次向欧洲展示中国悠久历史的书籍。这一系列书籍摆脱了最初的商旅游记的特征，是传教士向西方描述中国所做出的初步尝试，向西方展现了一个地大物博、统治有序、贸易兴旺的帝国形象。

1700年的"礼仪之争"，使西方对中国的认识开始由曾经的物质丰富转变为制度先进的"孔夫子的中国"，以孔子为代表的重伦理制度的文化中国形象由此应运而生。在介绍东方先进文化制度的著作中，比利时耶稣会士柏应理主编的《中国哲学家孔夫子》可以算是欧洲最早介绍中国思想且最有影响力的作品。它虽然未能完全准确地解读中国儒家思想，有时为了理解与接受甚至附会西方文化中对圣人的认知，但不可否认它确实第一次全面系统地向西方展示了中国文化形象。到18世纪后期已经有许多欧洲人借用中国的文化历史歌颂理性与科学。著名启蒙思想家伏尔泰[1]曾客观地比较了中西方两种信仰："中国的读书人除了崇拜信仰，他们尊崇正义公道。他们无法了解上帝赋予亚伯拉罕和摩西的一系列律法，以及长期以来西欧和北欧民族闻所未闻的弥赛亚的完善的法典。"对于中国的孔子，他评论道："孔子是传授过古代法律的贤明官吏……中国儒生的宗教从来没有受无稽神话的糟蹋，也没有为政教之争和内战所玷污。"[2]除此以外，德国哲学家、数学家莱布尼茨也对中国文化表现出极大的热情，他说："如果说我们在手工艺技能上与他们不分上下，在理论科学方面还超过他们的话，那么，在实践哲学方面，即在人类生活的伦理道德和政治学说方面，我们不得不汗颜地承认他们是远胜于我们的。"他还说，"相对于其他民族，中国律法促成了大众的安宁和社会的和谐，以至众人所受的干扰可以降至最低。其律法之完美，简直无法形容。"1716年，他完成了最后一本关于中国的著作《中国人的自然神学》，其中驳斥了一些对中国加以谴责的声音，认为西方文化由于过于年轻，才无法认同古老帝国的规范性。

西方对中国这些美好的印象主要源于其自身的需要。16世纪天主教在欧洲受到宗教改革的巨大冲击，耶稣会传教士来华传教，既可以缓和基督教内部由于教义之争而产生的矛盾，完成将基督教传播到世界的每一个角落的使命，又可以通过化解中华文明对基督教的"普世价值"的冲击，把中华文明收编到基督教世界

---

[1] 伏尔泰. 路易十四时代[M]. 北京：商务印书馆，1996.
[2] 伏尔泰. 风俗论（上册）[M]. 梁守锵，译. 北京：商务出版社，2003.

中，巩固基督教的教义。正如意大利传教士利玛窦所说："我处心积虑地借用儒教先师孔子来证实我们的见解，因为我把某些含义模糊的文字解释得对我们有利。"①随后的17—18世纪，启蒙思想家需要一个基督教以外的异族文明形象来证明宗教自由对国家繁荣稳定的影响。这一时期，中国是欧洲人审视"自我"的一面镜子，中国的道德观被启蒙思想家看作反对宗教权威的自然理性与道德哲学，中国就是在世俗的理性基础上建立起的思想自由、经济繁荣、社会安定的理想国。启蒙思想家以中国为参照物，反思自己的政治制度与宗教文化：为了推翻封建教权，他们讴歌中国道德哲学的宽容；为了批判暴政，他们以中国的开明君主为典范，意图证明依靠自然理性也能道德地生活。不难看出，这一时期的中国在西方人眼中是一片祥和、安定的乐土。这种单一化的趋势，完全是由启蒙思想家片面地理解、颂扬中国的思想及道德观，忽略了对中国文化的理性分析所造成的，其出发点完全是出于其自身政治利益的需要。

可以说，他国对中国形象的认知是在与各国的相互交流中形成与塑造的，历史中不乏部分"洋面孔"对中国产生的认知在国外传播，进而形成他国公民对中国形象的认知。在14世纪到18世纪刮起了席卷整个欧洲的"中国文化热"，中国与中国人形象获得了一片赞誉之声。

（二）18世纪下半叶中华文明的衰落

18世纪后期，中国停止了与西方传教士的往来，英国出现了对中国的负面评价。1742年英国海军上将安森出版《环绕世界航行》，将中国描述为一个贫困堕落的国家。

西方启蒙运动在18世纪后期越来越深入，西方对中国的态度从之前的普遍颂扬渐渐地变为批评，批评者主要为新兴资产阶级作家、启蒙思想家以及政府官员。英国作家笛福可谓开启了这一风潮。笛福对中国的描写和评论主要见于三部文学创作——《凝结录：月球记事》《鲁滨孙漂流续记》及《鲁滨孙感想录》。在这三部文学作品中，从最初含蓄地讽刺中国统治者的昌明，到后期露骨地批判。②研究者认为：笛福像一道分水岭，他一改西方对中国繁荣、富强的认识。虽然该论调与当时社会趋势背道而驰，偏离了主流借用亚洲的优点批判西方社会的弊病，但对其后来的乔治·安生、孟德斯鸠等对中国持批判态度的作家来说，无疑是具有开拓性的。

---

① 裴化行. 利玛窦神父传（上）[M]. 管震湖，译. 北京：商务印书馆，1995.
② 张影. 笛福与18世纪欧洲中国观的转变[J]. 理论月刊，2015（12）：13.

1793 年，以向乾隆皇帝祝贺八十大寿为名，具有丰富外交经验的马戛尔尼英国代表团来到中国，意图建立平等的外交关系。这是自西方传教士被驱逐以后第一次东西方的正式会面，虽然由于礼仪问题，该使团未能完成其既定的使命，然而使团成员撰写的与中国相关的著作使西方对中国有了较为真实的认识。英国代表团的正使马戛尔尼勋爵在日记中将中国看作"一艘陈旧不堪而处在风雨飘摇中的巨舰，幸而她靠了一些能干的、头脑清醒的军人掌舵，才在过去的 150 年中免遭沉没，并以其庞大的身躯和外表镇住了邻国。但只要遇上在甲板上进行指挥的是一位无能的人，那么这条船就会失去秩序与安全。她可能不至于马上沉没，她或者会像一艘失事的船在海上漂浮一阵子，然后在岸边撞得粉碎，但将永远不会在旧甲板上再度建造起来"。1815 年，阿美士德使团在中国同样因为礼仪问题与中国产生分歧，最终被嘉庆皇帝下令离开。而使团副使小乔治·斯汤东（曾随父亲一起出使中国）日后在《大清律例》英译本所写的"译者序"中，描述了中国的衰落以及英帝国的崛起："中国人惯于认定他们在知识和美德方面优于其他民族，而这趟行程（指阿美士德使团）已足以表明，这种盲目自信的心理及欧洲史学家对此的默认大都是错误的。近年来，欧洲在某些知识领域取得了巨大的进步，并特别热衷于此，但中国人在这些方面的知识水平并不尽如人意。"①

由此可见，从启蒙运动后期至鸦片战争这段时间，西方对中国的认识更为全面、深刻。全面性体现在超越对上层文化的关注，如从对中国传统儒家经典的关注，转移到关注中国底层人民真实的生活状态以及人民生活的方方面面；深刻性则体现在用科学的论证方式呈现中国形象，如孟德斯鸠在批判中国专制政体时运用地理环境等因素作为论证手段，试图用较为客观、科学的分析说服西方读者。这种深刻的认识与启蒙运动所建立起的新型社会文化模式有着紧密的关系。随着启蒙运动的深入、民众思想的解放，西方民族国家要求建立一个全新的由市民阶层普遍参与的新型国家，它崇尚以理性主义为基础的自由、平等、民主的价值观，即西方自我认同下现代文明社会的基本要素。另外，18 世纪 60 年代西方工业革命使西方在社会科学和自然科学领域获得巨大发展，西方各国经济繁荣，人民生活富足，开始全面超越古老的中国。再加上与中国的交流日益深入，西方开始以自己客观冷静的"理性"的态度重新审视那个自己曾经学习的楷模。因此，西方社会文化自身的巨大变革促使它改变了对中国的看法，从一味崇拜到多方争论，再到最终走向反面。"停滞"的、"东方专制主义的"、"落后腐朽"的中国形象使

---

① 李霄鹍. 美国传教士的中国形象（1830—1911）认知策略研究：一种跨文化视角[D]. 武汉：武汉大学，2015.

西方在形成现代自由主义精神中确立了民族自信、民族优越感，从而彻底摆脱了曾经的"精神挫折感"。

（三）19世纪遭遇贬斥的中华文明

如果说18世纪的西方对中国的评价还算较为客观、冷静的话，那么19世纪特别是下半叶，西方则对中国充满了鄙夷与偏见。哈罗德·伊萨克斯把1840—1905年这段时间定义为美国对中华文明的"蔑视的时代"。德国社会则认为应将中国文明和历史排除在一般性的文化学科研究领域之外。

在充斥着唱衰中国论调的大背景中，仍有少数"亲华"者较为客观公正地看待这一古老的文明，并认识到西方看待中国的局限性。比如，英国人赫德作为中国海关的总税务司在日记中写道："在绝大多数情况下，关于中国和中国人的著作都陷入毫无根据的、以偏概全的错误中。从局部看整体在许多事情上是适用的，但是对于一个具体的中国人、中国领土的某一具体地点，人们却无法确定这个帝国另一地区的习俗特点，或者应是另一省里某些个人的习惯。"① 毋庸置疑，赫德的描述更为全面和客观，他看到了中国文化的地区多样性以及上层文化与下层文化的隔离，出于道德良知为中华文明辩解。但西方对中国的主流印象仍然是一个"劣者"的形象，就连对中国文化颇有好感的理雅各爵士，也是在其回国担任了牛津大学首席汉学教授后，才开始重新审视中国道教文化的。总之，这一时期西方被政治、经济、宗教利益羁绊，企图确立自身在全球至高无上的霸权地位，于是将中国置于其自身的权力话语框架下，构建了一种二元对立的他者与自我的关系。也就是说，在他们看来，中国的落后与衰败对应着西方的文明与现代，中国需要向西方学习，西方需要通过扩张来传播自身先进的文化及"普世价值"。毫无疑问，这些观念为西方列强在华进行政治、经济与文化侵略包裹了一层"漂亮、得体"的外衣，为那些标榜自身是民主、自由的国家提供了侵略他国"合理的、科学的"借口，为残忍的战争提供了道德避难所。

可以说，1750年以前，西方构建出三种中国形象类型——"大汗的大陆""大中华帝国""孔夫子的中国"。然而随着西方现代性的确立，这个被美化了的"乌托邦"则转变为"停滞衰败的帝国""东方专制的帝国""野蛮或半野蛮的帝国"。这些形象无论是正确还是错误的，出于友谊抑或敌意，都是基于西方自身价值观所建构起来的。他们虽然有客观合理的成分，但仍主要是以西方的认识框架及需求为建构的基础，也就不可避免带有某些歪曲甚至是丑化的成分。从辩证法否定

---

① 布鲁纳，费正清，司马富. 进入中国机构：赫德日记[M]. 北京：中国海关出版社，2003.

之否定的原理来看,它是一种对中国形象二次批判的螺旋式上升过程。了解西方对中国形象建构的过程,是在现代世界秩序、语境中获得"正义"支持的合法性所在,它避免我们再一次陷入西方设定的意识形态下的论述框架,也避免我们以民族虚无主义的自卑态度接受西方的批判,为我们在世界话语权中建构更为公正、平等的中国形象提供了可以借鉴的依据。

二、20 世纪后的中国形象

20 世纪人类发生了两次世界大战,国际局势变化巨大,中国也卷入了两次世界大战中。战争中外国描绘的中国形象与所在阵营相关,并不具备研究的代表性。中华人民共和国成立后,中国人民从此站起来了,但在外国看来,中国"东亚病夫"的帽子并没有彻底摘掉。直到中国抗美援朝战争胜利及"两弹一星"的研制成功,西方才开始正视中国。改革开放之后,中国的发展道路与意识形态的差异使得西方国家依旧对中国充满戒备。尽管我们一直以韬光养晦的姿态实现和平发展,但在欧美国家眼中,中国的崛起依旧是一种威胁。在国际话语中,西方常用"龙"来指代中国。"龙"的形象在中国传统文化中是皇权、尊贵与祥瑞的象征,虽然我们自称是"龙的传人",但在西方语境下,"龙"却带有邪恶等贬义色彩。为了维护国家形象,我们有意用中国特有的动物"大熊猫"来代替"龙",使其成为中国的象征动物,以期减少不同文化语境带来的歧义,向世界传达中国崇尚友好与和平的理念。此外,随着经济全球化的发展,世界各国的交流与联系日益紧密,"武术""中医"等代表着中华传统文明的各种文化符号也伴随孔子学院等民间渠道逐渐被建构和传播,能够代表中国的符号也越来越多。

三、中国形象中外视角的演变

(一)外国人对中国形象构建的演变史

从古至今,西方一直在通过各类媒介、各类传播者、各类传播内容建构中国形象。西方对中国的态度大致经历了:崇敬期(18 世纪以前),以马可波罗的《东方见闻录》描绘了中国发达的物质文明为代表;鄙视期(1840—1905);仁慈和钦佩期(1906—1944),以《苦难的中国》《香格里拉》《红星照耀中国》,以及蒋介石七次登上《时代》杂志封面为代表;幻灭和敌对期(1945—1971),以《共产党统治下的中国》《时代》杂志报道中国饥荒为代表;友好期待期(1972—1988),

以中美建交、邓小平同志访美系列报道为代表；新的失望期（1989—2001）。当代我国的国家形象处于赞誉与批评并存的状态。2001年以后，特别是北京举办奥运会以后，西方对中国的报道在被西方称赞的同时又被西方抹黑，代表性事件是对汶川地震、北京奥运会的称赞和对西藏、新疆、香港报道的抹黑。

（二）国民心态的演变史及现状

文化自信是当今我国的时代命题，文化自信是一个民族、一个国家及一个政党对自身文化价值的充分肯定和积极践行，并对其文化的生命力持有的坚定信心。习近平总书记在十九大报告中提出："没有高度的文化自信，没有文化的繁荣兴盛，就没有中华民族伟大复兴。"

从鸦片战争之前的"蛮夷"到之后的"洋大人"，从认为西方学说是"奇淫技巧"到"西学中用"，从一战后的"西方帝国主义"到二战的"盟邦"，从中华人民共和国成立后"美帝国主义亡我之心不死"到改革开放后的"外宾"，再到如今的"老外"，短短两三百年间，洋面孔在中国人心中的形象与影响力变化颇大。

有学者提到中国近代以来有着六次文化转型[①]，纵观历史长河，中华民族的文化自信一直在变迁。古代中国被称为"天朝上国"，由于地理位置、气候等原因我国物资富饶，人们在自给自足的同时还拥有辉煌的文明，周边的其他民族或国家往往归附、内附或臣服于当时的中国，此时国民普遍处于"文化自满"的心理状态。而1840年鸦片战争后，西方列强入侵中国，一次次反侵略战争的失败和不平等条约的签署让当时的国人深受刺激，导致"文化自卑"心理的产生。当时国人主张"师夷长技以制夷"，主张学习西方的文化、技术以达到抵抗侵略的目的，就是文化自卑心理的体现。新文化运动后对本国文化的重新审视体现了国人"文化自省"的心理。中华人民共和国成立后中国取得了一定的成就，逐渐形成了"文化自立"的心理。随着改革开放的发展，中国经济发展取得一定的成就，中外文化交流的平台增加，国人在第二次"文化自卑"中找到了"文化自觉"，随后发展为当下"文化自信"的心理。

即便中国经济迅速发展，但仍然存在硬实力与软实力发展不平衡、不对等的问题，现如今在一些国人的身上仍然能够看到"文化自卑"的影子。当下文化自信面临着多方面的挑战，面对西方国家部分恶意传播挑战我国国家安全和社会主

---

① 张继焦，杨林. 中国近代以来的六次文化转型：从文化自满、文化自卑、文化自省、文化自立、文化自觉到文化自信：国际人类学与民族学联合会副主席张继焦教授访谈[J]. 广西师范大学学报（哲学社会科学版），2019（6）：66-70.

义核心价值观的言论，对于意识形态的恶意渗透，部分国人失去辨别能力。西方国家通过传媒、教育、网络等对我国文化的渗透越演越烈，对国人的价值观产生了一定的影响。例如苹果、星巴克、肯德基及其他品牌，不仅是商业上的影响，更是一种文化渗透。随着世界科学技术的提升，世界逐渐演化为地球村，多元文化在中国得到传播，中国主流传统文化和外来文化产生碰撞，外来文化对主流文化产生了一定的影响，也对我国文化自信造成一定的冲击。

第二节　新时期讲述中国故事的外国人群体

新时期，随着中外人员经贸交流频繁，外国人讲述中国故事的种类也越来越多。总体上说，无论是国内还是国外受众，均会觉得外国人讲述的中国故事相对客观。只要他们能够真正以客观、公正为原则来认识中国，他们在讲述中国故事时就能更有效地避免主观倾向性的影响，观点和言论也会相对客观。从案例研究的视角看，有必要按照外国人讲述中国故事的传播媒介、传播内容、传播者身份的不同分为几个类型进行研究。进行案例研究的好处在于可以总结具备不同传播属性的案例对外国人讲述中国故事传播效果的影响，也能够针对目前不同类型外国人讲述中国故事进行相应的传播策略研究，以提高中国故事传播效率。

第一种讲述中国故事的外国人，根据身份不同可以分为友好外国媒介工作人员和国际合作广播电视节目中的外国人，此外还有部分是出现在媒介上的普通外国人。目前这类外国人讲述中国故事以央视《亚媒看中国》和新闻出版总署的"外国人写作中国计划"为典型代表。这类外国人本身与中国是非直接利益关联的关系，有的是工作单位与中国有合作，也有的是对中国有好感并愿意为中国说话。但这类外国人讲述中国故事所传播的内容一般会受到其所在的外国媒介或其个人身份限制，他们"帮中国说话"也只是出于所在媒介要求或个人喜好。研究这类案例能从探究跨国广播电视新闻产品制作、国际文化交流合作模式和效果等角度切入。普通外国人也包含在这类案例中，他们在与中国的交往中大多收获了美好的回忆，或获得了事业成功，或实现了人生梦想。

第二种是中国媒体机构或中资控股媒介中的外国雇员或被聘用的节目参与者，目前比较知名的是中国国际电视台的外籍记者和湖北卫视《非正式会谈》中的外国嘉宾。这类外国人在讲述中国故事时，因受到媒介雇佣身份影响，能够完全按照预设的中国故事传播意图完成相应的传播内容表达。可以认为这一类别的外国人讲述中国故事可以进行诸如议程设置、舆论引导等传播方案设计。因此，在具体业务层面，这类外国人讲述的中国故事无论是对外传播还是对内传播均会有较好的传播效果。如何利用其外国面孔及其身份标签进行相应的议程设置是此类案例研究的重点。

第三种可以从传播渠道和身份上区别于前两种，主要指的是网络与新媒体平台上的"洋网红"群体，即外国人在互联网平台自发进行的"外国人讲述中国故事"活动。其内容表现形式为短视频和微纪录片等，在国内国际上有较大影响力的有"歪果仁研究会""我是郭杰瑞""竹内亮导演"等。其中日本导演竹内亮拍摄的纪录短片《南京抗疫现场》，获得了日本多家主流电视台转载并翻译成多国语言在 YouTube 上传播，还被外交部发言人华春莹点赞，华春莹女士对其不带偏见地、真实地记录中国走过的这段非凡历程表示赞赏。目前在国内传播媒介上"洋网红"是否出于讨好中国受众而讲述中国故事不得而知，但从现有网络资料来看，大部分"洋网红"在外国互联网平台上讲述的中国故事和其在国内平台上讲述的内容基本一致。因此可以肯定地说，无论是对外传播还是对内传播，"洋网红"群体出于对中国的热爱或职业需要，已经成为互联网平台上讲述中国故事的好帮手。

第四种是特殊领域的外国人讲述中国故事，譬如留学生群体、跨国婚姻、中国通、来华专家等具备特殊身份的外国人。这类外国人往往非常熟悉中国并与中国人关系密切，加之其身份标签，在中国国内媒体上往往容易成为媒介议论对象。近几年，每年来华工作的境外专家有 60 多万人次，他们活跃在经济、文化、教育、科技等多个领域，与中国开展交流与合作，他们是中国故事最直接的讲述者。如央视纪录片《中国缘之中国爱情》选取了八组中外结合的跨国情侣，展现跨国家庭的梦想和中外文化差异，用国际化的传播视角展现中国独特的婚俗文化和年俗文化。目前，虽然专门针对某类在华外国人的新闻节目较少，但该类别有着一定的新闻传播价值。

此外，还有一种讲述中国故事的人是海外华人。虽然在国籍上他们已经属于别的国家，但文化和血脉的联系让他们对中国有着天然的亲切感，他们既熟悉中国和所在国的情况，又有丰富的国内外人脉资源和国际交流经验，是中国故事最积极的讲述者。

第三节　在华外国人述说的真实中国

一、热爱熊猫的 Melody

　　Melody，中文名字叫梅洛，是法国人，也是个湖南媳妇儿。她从小就被中国的历史、美食、文字等所吸引，但最初让她爱上中国的是大熊猫。

　　她有一个小名，就是 Panda，因为她黑眼圈很重，跟她爸爸一样。他们俩都自认为长得很像大熊猫，所以她从小就叫爸爸"大熊猫爸爸"，爸爸叫她"大熊猫宝宝"。现在她都那么大了，他还是这么叫她。

　　梅洛的父母很早就让她关注大自然与动物的话题，教育梅洛一定要好好保护我们的地球。所以直到现在，这个话题对梅洛来说依然很重要，梅洛也希望更多的人参与进来。

　　小时候，爸爸第一次给梅洛看大熊猫的照片，她就爱上了它们，想要更多地去了解它们。大熊猫的家在哪里？是中国！7岁的她就这样开始对中国产生了特别的兴趣，并且立志长大之后一定要去中国。

　　后来她渐渐发现中国文化特别迷人，于是拼命学起了中文，越学越觉得汉字太神奇了。她的妈妈是一位艺术家，擅长画画。她从小陪着妈妈画画，也对艺术感兴趣，所以她第一次看到汉字的时候感觉像是在看一幅画，好像每个汉字都包含一个深刻的意义，好像在讲一个故事。那时候，它们似乎在告诉她即将发生在她身上的故事，让她快点学会它们，尽快发现它们的秘密。从此之后她对汉字更加好奇了，痴迷地学了起来。

　　一开始，很多朋友不理解她的选择，觉得中文太难了，是一种不可能学会的语言。但是她没有听他们的，反而增加了挑战给他们看的勇气。就这样她不断深入学习中文，好像一个大探险家似的，爸爸妈妈一直很支持她。

　　上大学的时候，她的专业是中文，并拿到中文硕士学位。她的课程全是与中国有关的：历史、地理、翻译、现代汉语与古代汉语，等等。因为对汉字最初的故事（比如甲骨文）很好奇，她还学过中国的考古课程，业余学习了书法与中国画。因为爱画梅花，就给自己取名梅洛。她对所有关于中国的事情充满了兴趣，同时也一直关注着她的大熊猫朋友。

　　现在她的梦想实现了！她第一次来中国时才16岁，那时候是学校组织来的。

她对中国一见钟情，一到中国就预感到，这里会变成她的第二个家。她对自己发誓：她一定会再来！

回到法国之后，她开始每天拼命学中文。终于，在18岁的时候，她又来到中国，在南京外国语学校当了两年外教。后来回到法国读硕士，同时拿到了法国与中国的奖学金，又到苏州大学交流学习了一年。每一次都是缘分让她回到中国。

第一次来了中国之后，回到法国她就决定打工，每个周三和周末都会去一家超市当售货员。每年夏天用打工赚的钱买往返中国的机票。她跟爸妈说整个夏天（两个月）都准备待在中国，爸妈惊呆了，问她："你有钱吗？"她笑着回复他们："我早就准备好了，不用你们担心。"真的很感谢父母一直信任她，放心让她去实现她的"中国梦"。

现在的她已经在中国累计居住10年了！感觉时间过得好快，她真心地热爱在中国的生活。她交了很多中国朋友，他们善良又热情。她跟他们学习太极拳、中国功夫，和他们一起爬山，在山上一起打太极拳，一起喝茶聊天。

很多中国人说她是个"假老外"，觉得她的习惯与性格更像中国人。说真的，她只要离开中国一段时间就会舍不得，就会疯狂想念中国的生活，想念中国菜！看来至少她的"中国胃"就把她留在中国了。

当然，她还是会思念家人。每次回法国的时候（一年才一两次），她都会送给爸爸一个不同的大熊猫玩具。每次看到有关大熊猫的东西就会想起爸爸，就会很想念他。

父母也来中国看了她几次，似乎是受她的影响，他们一家人都爱上了中国文化。他们家的陈设基本是中国风格，有不少中国的家具、生活用品等。她弟弟的太太也是中国人。她爸爸是李小龙的"铁杆粉儿"，收藏了他所有的电影。

她举行婚礼的时候，她的家人——爸爸、妈妈、姐姐、姐夫和弟弟都从法国来到湖南，她非常感动。后来她的妈妈和婆婆相处得像姐妹一样。两个妈妈都喜欢跳舞，妈妈是拉丁舞老师，是参加过中国舞蹈比赛的。她们在湖南切磋彼此的舞技，她和老公也跟着手舞足蹈起来。那个时刻对她来说温暖而又重要。她还记得两个妈妈开怀大笑的情景，虽然二人语言不通，但是她们不需要翻译。

她在中国过得很幸福，还因为遇到了她的老公。她老公也叫她"大熊猫"，可能他也觉得她长得像大熊猫吧。她现在是一个非常快乐的中国媳妇儿，快乐有时候就是这样简单纯粹！

她的老公是位西点师，结婚的时候他亲自做了她们的婚礼蛋糕。婚礼那么忙，他还亲力亲为做了一个大熊猫样子的蛋糕，这个贴心的举动让她十分感动。

她和老公都欣赏彼此国家的文化，虽然有不一样的国籍、语言、风俗习惯，但是他们对这些并不在意，两个人的幸福感是最重要的，她喜欢他的微笑。他们俩都很调皮，都喜欢大自然、动物，尤其是大熊猫。但是老公会有一点对大熊猫吃醋，因为她太爱它们了！

她和中国的特殊缘分因大熊猫而起，她一有机会就会去四川成都看看她的大熊猫朋友。

她游历中国时发现，中国有太多美丽又有意思的城市，她很享受并能领略到当地的特色和民俗。成都是她最喜欢的中国城市，自由安逸，说不出的舒服。每次在成都，她都会度过很愉快的时光。

她爱中国的古城和老街道，成都就有很漂亮的老街。去茶馆跟朋友坐一坐，看很多人在一起喝茶聊天，好开心、好热闹，即使坐一整天也不会觉得无聊。

第一次去成都的茶馆，她一个人坐着喝茶，突然旁边桌上的几个成都人叫她一起过去坐坐。那时候她的中文还不熟练而且他们说的是四川话，她听着很费劲，但是她能感受到他们的热情。他们主动地给她介绍成都的特色，还买了瓜子教她怎么吃。之前她对吃瓜子一无所知，在法国没有人吃瓜子，所以她很好奇。她把瓜子连壳带肉一起嚼，因为看他们就是这样直接放在嘴里的。他们盯着她看了一会儿，忽然大笑起来，连说"no,no,no"，她明白过来了：原来瓜子壳是不能吃的，要先把瓜子放在嘴里嗑一下，再把壳吐出来。她成功地吃了1颗的时候，他们已经吃完了10颗……看来她需要多练习。对一个外国人来说，吃瓜子太费劲，不过确实有趣！后来她带了一包给爸妈和法国朋友们试吃，他们都不会！每一次带瓜子给他们吃，都会变成一个热闹有趣、笑话百出的时刻。

每次去成都，成都朋友都会带她去尝试很多好吃的。川菜是中国的八大菜系之一，越来越多的外国人知道了四川菜。她在中国已经10年了，但到现在还是会品尝到从没吃过的美食，中国菜实在太丰富了！能够闻到新的香味，吃到新的菜式，感受到中国食物的魅力，也是了解中国文化的重要方式之一。说实话，看到那些放了很多花椒的菜，她就有点怕！作为一个湖南媳妇儿，她现在不太怕辣，但是怕麻，每一次都感觉自己的嘴唇变厚了，舌头麻木了。

四川是大熊猫的故乡，在这里随处可见大熊猫元素，让人充分感受到中国人对国宝的喜爱。在成都大熊猫基地看到它们，让她有一种无法形容的喜悦，总感觉她跟它们有缘分。

"缘分"这两个字对她来说很重要，她相信缘分。她觉得正是因为大熊猫，她才会来中国，来到中国才认识了她的老公。

因为跟大熊猫的缘分,她在 2019 年有了最难忘的体验,让她离大熊猫朋友更近了,实现了她的大熊猫梦!

大熊猫这种生物有很长的历史,距今大约为 800 万年。2019 年是中国大熊猫走向世界 150 周年。第一个发现大熊猫的外国人是一位法国人——阿尔芒·戴维。1869 年,他在四川宝兴县发现了一只"黑白熊",从此大熊猫开始进入近现代人类文明的视野。

为了庆祝中国大熊猫走向世界 150 周年,2019 年 11 月法国举办了"中法大熊猫文化周",她特地关注了这个活动。因为当时她在中国,没能去参加这次重要的活动,有点可惜。但是不久之后,她有幸被选中前往成都大熊猫繁育研究基地,参加第二届"全球大熊猫奶爸奶妈体验活动"。这个活动由央视网熊猫频道、成都大熊猫繁育研究基地主办,全球大熊猫文化传播品牌 Pandapia 协办。

她本是抱着试一试的心态去报名的,没想到居然会被选中,那一刻她感到"幸运之神"降临,这是她最好的圣诞节礼物!

主办方一共选了 12 位来自不同国家的体验者,包括中国、加拿大、美国、巴拿马、日本、英国等。他们这些从四面八方来的人有一个共同点——热爱大熊猫,而且每个人与大熊猫都有有趣的故事。对大熊猫的爱把她们集合起来组成了"大熊猫家庭",多好的一段缘分!

当年的 12 月,她们花两个多星期学习了很多专业饲养知识,接受了各种各样的挑战。那时候的她以为自己在做梦,因为她要当大熊猫的妈妈了!她努力控制住自己的激动情绪后,开始了这次美好的体验。

现在回想起来,最让她难忘的就是第一天跟着饲养员段老师一起工作。

他们先来到熊猫园区"成年大熊猫第 3 号",里面有 3 只可爱的大熊猫:点点和它的双胞胎弟弟启启,还有它们一直喜欢和保护的小雅。

他们先叫它们回到笼子里,以便打扫它们的活动场地。当时她离笼子只有一点点距离,感觉它们三个都在盯着她看。它们魁梧的体格让她惊呆了,但是突然它们发出一声"羊叫"。饲养员说,大熊猫有 13 种叫声,羊叫表示它们很愉快。她竟不知不觉掉下眼泪来,这个时刻太美好、太令她感动。她想:"你们开心是因为你们知道我要帮你们打扫卫生了,是吧?"

他们准备好就进入了它们的活动场地,她的心跳得更快、更紧张了!段老师教他们如何分工,并且要把它们之前吃剩的竹子清理干净,再一次性添加新鲜食物。这个动作需要很大的力气,而且要尽快做完。外面很冷,但干了几分钟她就开始流汗了。

段老师教她清理好大熊猫喝水的地方，然后开始收拾粪便。这项工作是非常重要的，收集完就要称量粪便以检查它们的身体是否一切正常，是否吃少了，等等。每天一只大熊猫能吃 20～40kg 的竹子，粪便有 10～20kg，所以可想而知每天需要清理多少粪便。这些工作需要在 30 分钟内完成，既不能让大熊猫饿肚子，又要收拾干净，不能丢三落四，细节很重要。

她当饲养员的第一天就浑身汗津津的。真是佩服饲养员的力气，他们能一下子运送这么多竹子，而且工作效率很高。

知道要做清理粪便这一工作，一开始她有点担心会受不了那个味儿，但是她很快发现完全没有问题，因为大熊猫不吃肉是草食性动物，因此粪便无异味。老师说："冰河时代没有肉吃了，很多动物慢慢灭绝了。大熊猫为了生存开始吃竹子，后来就一直吃竹子了。"还是她的大熊猫朋友聪明！没想到有一天她会说："让我最幸福的事就是收拾大熊猫的粪便。"当她跟家人和朋友说起时他们都不信，但这是真的。

打扫完毕之后，他们让点点、启启与小雅重新回到活动场地。看到它们吃着他们刚放的新鲜竹子，心里就变得很暖，觉得自己帮上忙了，能够让它们开心她就满足了。小团队里的其他两位也都带着灿烂的笑容，互相牵着手。这个时刻属于他们，他们不用说话就能明白各自的心情。

这两个多星期，他们一直在熊猫园区工作。他们特别开心，感觉做了一件好事，帮助了大熊猫。

他们的主要目的就是让大熊猫觉得舒服，能够自然地生活，最终让它们回归大自然，回到原来的栖息地，扩大野生大熊猫种群，所以熊猫守护员的角色特别神圣。她很感谢基地的工作人员这么专业、这么用心地为大熊猫提供美好的生活环境。动物和环境保护在她心里占有很重要的位置，希望更多的人能关注这些话题。

她很感谢善良、耐心的饲养员教了他们那么多，他们真心爱大熊猫，想尽办法保护它们。以前从来没有想到饲养员工作会这么艰辛，她从心底里佩服他们。这两个星期跟着饲养员一起工作，让她大开眼界。她也不会忘记她的老师们、小团队及整个大熊猫家庭！她很幸运、很感恩，千言万语也表达不尽她的感激之情。他们拿着"优秀体验官"的证书回家，无比幸福！她也特别感谢大熊猫朋友，因为它们，她才来到了一个这么可爱的国家。她一直在默默关注它们，希望它们不会忘记她这个"奶妈"！

最后她还是再三强调"缘分"这个词，是缘分让她到了中国，让她认识了那么多优秀、善良的人，让她找到了她的另一半，让她实现了梦想！中国就是她的第二个家、温暖的家，一直在她心里。

二、在中国任教的 Luthra

Roop Rani Luthra，印度籍，2014年4月至2016年7月由印度文化关系委员会外派至上海外国语大学东方语学院印地语系任教。下面是她所讲述的中国故事。

我在中国的跨文化之旅始于我的中国任教经历，它让我对中国和上海有了许多新的认识。说实话，在来到这片土地之前，我只对中国美食、武术和汉语有些许的了解。

在被外派到中国教学前，我刚刚结了婚，我既要适应婚后的二人生活，又要在中国教授印地语，应对陌生的语言和文化，于我而言，这一切是新起点，也是新挑战。中国同事设宴招待我们，但因我是一位素食主义者，所以我吃得并不多。一位同事还递给我一份生活指南，里面详尽地介绍了周边超市等信息。我的跨文化之旅就此拉开序幕。

我在中国注意到的第一件事就是，人们都靠马路右侧行走或驾驶；而在印度恰好相反，我们靠左行驶，机动车的方向盘设在右边。不过，中国的司机都遵守规则，也会礼让行人。在这里，我学会的第一句话就是"你好"，就像其他外国人一样。在这里，握手是最常见的打招呼方式；而在印度，女性常用双手合十来打招呼。因为我中文不太好，我就拨打962288热线求助，这条热线对我这样的外籍人士帮助很大。尽管不少年轻人都能说几句英语而且乐于助人，但是商品的标签几乎全是中文的，这不禁让我望而却步。

和其他外国人一样，我对中国人的头部特征很感兴趣，尤其是男士的发型。很多年轻人的发型很潮，他们的穿衣风格也很潮，看起来就像模特儿。相较而言，印度人则更喜欢戴首饰，印度女性喜欢身着美丽的莎丽（用以裹身的长巾）和佩戴首饰，年轻人喜欢穿有地方特色的库尔塔牛仔裤或库尔塔长衫和紧身裤。两国青年都是那么单纯、聪慧、健康，最重要的是他们都积极乐观，总能在路上听见他们快乐爽朗的笑声。中国青少年很可爱，着装好看，有时穿丝质衣服。我发现与印度相比，中国女性在许多领域比男性具有更大的影响力，工作场合也有很多女性员工，这有利于中国的和谐与稳定。

我对中国的饮食文化也充满着好奇。它与印度饮食完全不同，天上飞的、地上爬的，应有尽有，超乎我们的想象。中国人喜欢到餐厅、饭馆里设宴招待客人，而印度人除了去外面吃，有时也会在家里招待客人。在印度，上门做客带上一束花那是再好不过了；但在中国，人们通常在葬礼仪式上献花。无论是新年、婚礼还是生日，中印两国都讲究礼尚往来。在印度，拜访亲朋好友时一般会带上一个水果篮或者一盒糖。在两国文化中，受邀去别人家里都是莫大的荣幸。时间上若有不便，也不妨直说。准时抵达别人家，尽情享用食物，这都会让主人倍感荣幸。去印度人家里做客，一般不必脱鞋。在印度，客人坐在主人的右边，而且和在中国一样，不面向大门就座。在印度，主人要邀请客人先用餐，而在中国则是从主人敬酒开始。在印度，客人不一定要尝遍宴席上的每一道菜，而在中国可能盛情难却。中国人就餐常用碗筷，而印度人则喜欢用勺子、碟和小碗。在印度习俗中，我们应吃完碟中所有的饭菜，而在中国则可以剩余一些。在印度，喝东西发出喷喷声或吃东西时打饱嗝都是不礼貌的，而在中国一些地方，这是对主人厨艺的赞美。中国人喜欢吃饺子而印度人喜欢吃薄饼；中国人喜欢吃蒸煮的食物，而印度人喜好吃煎炸的食物，且印度的食物更为辛辣；甜点方面，印度的口味更重一些。酒在中国文化中占了很重要的地位，而印度则不然。此外，印度的大部分女性都不饮酒。两国人民都喜好喝茶，但制作工艺不同。中国茶叶采用的是传统工序，而印度则采用CTC工序，即压碎、撕裂、揉卷三个步骤。大部分印度男人不会进厨房做饭，他们认为这是女人的事情。

　　印度是世界上宗教最为多元的国家之一，拥有一些最虔诚的宗教社群和教徒，宗教在许多人的生活中起着决定性的作用。印度有很多语言，但印地语是官方语言；印度教是主流宗教，此外还有伊斯兰教、锡克教、耆那教、基督教和佛教。在中国，最多人信仰的是佛教，汉语是主流语言。

　　总的来说，两国都有着源远流长的历史文化，西方人对其看法往往不准确。两国都拥有宝贵的文化遗产，如语言、音乐、节日、文化、宗教等，都是发展迅速、日益现代化的国家。

　　你要做的，就是睁大双眼，去发现，去体会，去相信。

三、在中国学习的福伦帝

　　福伦帝来自喀麦隆，目前在上海的华东理工大学求学。下面是他在中国的经历以及对于中国的印象。

　　我是福伦帝，来自喀麦隆。从2018年9月开始在上海的华东理工大学攻读管理科学与工程的博士学位。因为我有一个梦想，就是当一名教师，博士毕业以后可以回到自己的国家去教书。

　　1991年，喀麦隆政府派我爸爸来北京工作，爸爸是一名大使馆高管。那时候我很小，就在北京一家法国学校上学，我们从1991年到2001年都住在中国。在北京生活的时候就对中国的印象特别好，所以我决定再次回到中国。当时我有两个选择，一个是去北京，另一个是去上海，但是北京某段时间有空气污染问题发生，于是我决定来上海。

我在喀麦隆报名，到上海海事大学学习中文。但到达中国的时间有些延误，中文课程已经开始两个星期了。从当年的10月到第二年的3月，我每天都在宿舍里写汉字、背词语。4个多月后，我掌握了1500个词语，去参加了汉语水平考试并且通过了。其实我的中文运用起来还是不行，虽然词语背得多，但语法薄弱，不怎么会说，只能听。后来我在浙江海宁找到一份工作，一共25个外国人一起去一个嘉年华做客服，有很多机会跟中国的客户交流，我正好利用这个机会提高中文水平。

2014年到达中国的时候，姐姐来机场接我。飞机一落地，看到的怎么和我想象中的上海不一样？中国这几年发展太快了！一开始我因为不习惯吃中国菜，瘦了很多，而住所附近全是中餐，没有西餐。随着一天天与中餐的磨合，现在特别喜欢吃中国菜。

到上海正值秋季，我决定去采购冬装。听说上海科技馆附近有服装市场，我第二天就赶去买了一件冬天的棉衣、一件外套和一条裤子，一共花了600多块。后来我的一位朋友去同一个地方买了一模一样的衣服，但是比我的便宜250块。我有点被骗的感觉，很难过。他说因为你是新来的，一定要学会砍价！我恍然大悟，经过几次实践，现在我的砍价功夫可是一流的！

在中国，我最喜欢的就是中餐、中国电影，还有中国的风景。

中餐真是太丰富了！中国的每一座城市都有自己的特产和特色菜，口味区别很大，比如苏杭一带喜欢吃甜的，成都人喜欢吃麻辣的，宁波人喜欢吃咸鲜的……我对火锅和饺子情有独钟。

我从小爱看中国电影，尤其是功夫电影。我是李连杰和成龙的粉丝，对我来说他们两个是最厉害的。因为有他们，全世界的人都知道了中国功夫，我非常佩服他们。

我来中国快6年了，去过江苏的南京、苏州，浙江的杭州、嘉兴、海宁，最远的就是北京。我最喜欢杭州，有山有水，适合旅游、休息。我一般一年去两次，在西湖对面订一个酒店，静静地欣赏秀丽的西湖。

中国的风景很美，我尤其对古镇流连忘返，去过西塘、锦溪、朱家角、周庄、同里、枫泾、七宝、乌镇、新场。在古镇里能感受到五千年的中国文化，能感受到中国古老的韵味。

西塘是众多古镇中给我印象最深的，虽然是古镇，但充满了活力，荡漾着青春。西塘的桥数量众多、造型秀美，有环秀桥、狮子桥、卧龙桥、送子来凤桥……在卧龙桥上几乎能看到西塘的全景。白天安静地坐在桥上看着平静的河水流淌，晚上簇拥在喧闹的酒吧听着美妙的音乐。白天宁静如水一片诗情画意，晚上激情四射一片繁华景象。我爱西塘，爱它的静美，我爱西塘，爱它的喧哗。西塘的夜晚是年轻人的天下，不愧为中国第一酒吧古街。

中国和喀麦隆最大的区别就是，喀麦隆是一个很小的国家，而中国版图辽阔。我们比较喜欢吃肉和鱼，而中国人比较喜欢吃蔬菜。这几年中国的发展特别快，而我自己的国家几乎没有发展。

我在中国学到了很多。首先我学会了使用筷子，不会用筷子的话吃中国菜有些难度。一开始到中餐厅，我都会请服务员帮我拿一把勺子，学会用筷子之后，生活突然变得方便多了。

我跟中国朋友学会了做一些中国菜，包括包饺子。希望有一天我回到家乡，能给我的家人做中国饺子。

在中国生活真的是一段很了不起的经历。其间，我不只学会了中文，还深入了解了中国的文化，明白了一些生活上的道理。有个朋友跟我说过：如果你在中国生活过，那你接下来可以在全世界任何地方生活。我觉得中国是我的第二故乡。

四、热爱中国美食的 Gutcher

Gutcher 对于中国美食十分热爱，他对于中国美食的研究也很多，下面是他对于中国的述说。

我叫 Iain Paul Gutcher，翻译成中文就是伊恩。我是土生土长的英国人，我特别喜欢中国，最喜欢的就是中国菜，跟我们英国菜的区别很大。

首先我想说说吃饭的工具，因为那是最直观、最显而易见的差别。在英国，我们有大小不同的刀叉、汤勺和餐碟。在正式的场合，每换一道菜的同时，也会换一套餐具。而在中国，一双筷子就能挑起中华美食的天地。

我从小在英格兰东北部的一个小城镇长大，成长过程中并没有接触过中国人，更没有机会吃到一顿正式的中餐。所以当我和我的中国伴侣相识后，我开始接触中华料理并学习筷子的使用，那种经历既焦灼又有趣，很多时候我都想干脆用刀叉来吃中餐算了。慢慢地，我掌握了一些拿筷子的技巧，它并不是靠蛮力，要手指放松，保持关节活动流畅，再加上一点耐心。一双筷子看似简单，却能完成很多动作，可夹起、可切断、可分离、可搅拌，而这些在英国，只有左手拿叉、右手拿刀才能实现。我的伴侣使用刀叉非常熟练，这也是因为她来自大城市，以前就能接触很多西餐。希望更多西方人能开始摆脱刀叉，用筷子享受中华美食。

另一个同样显著的区别在于用餐的"声音"。在英国，如果吃饭的时候嘴巴发出声响，会被认为是不太礼貌的行为，所以英国人用餐普遍非常安静。而中国人吃饭，包括我的伴侣在内，好像并不会遵守"安静守则"，他们咀嚼的时候嘴巴不一定紧闭，咂吧咂吧的，吃得也很快，在喝汤喝茶的时候都会发出很大的声响。一开始我很吃惊，但我完全尊重这种不同的饮食文化，我知道在部分亚洲国家，发出声响甚至是一种享受美食的表现，是对厨师和请客主人的尊重，所以现在当我们和亚洲朋友吃亚洲菜的时候，对于"大声"吃饭甚至"狼吞虎咽"的就餐文化，我已经习以为常，甚至都会跟着做呢。

在英国餐厅，菜品是一道一道上的，一套完整的点单包括前菜、主菜和甜点。吃完一道撤走一道，才会端来下一道，餐桌上一般只会保留一道菜，每个人只会按照顺序吃自己盘子里的菜品。而中国的点菜、上菜方式大有不同，所有的菜品会慢慢上齐，摆满整整一桌，所有人都可以尝试每一道佳肴。其实我也很享受这种不受拘束的用餐方式，因为可以想吃什么菜就去夹什么菜，大家边吃边聊，其乐融融。在中国，吃饭是人们日常生活中相当重要的一部分，甚至还充当了一种社交形式，这也是我非常欣赏的一点。亲朋好友齐聚一堂，无论在家还是下馆子，不仅是为了吃饭，也是为了陪伴和畅谈。和热情友好的中国饭桌相比，英国人的餐桌显得比较冷淡，出门下馆子是个比较正式的活动，彼此间也不会有过多的交谈。而如果在家里吃，那就更冷清了，基本上不会同坐一桌。家庭成员用餐时间和地点都有可能不同，比如孩子会在电视机前边看边吃，而老人们会晚一点在餐桌上吃，上班族回家后随便在茶几上解决。我深刻感觉到，中国人更加懂得如何去好好地欣赏和品尝美食，并巧妙地用吃饭来拉近人与人的距离。

从食物本身来讲，我想任何人都会同意中国菜比英国菜更好吃，品种也更丰富。在英国，我们也许更重视的是填饱肚子，尤其是忙碌的上班族，早餐是麦片加牛奶。午餐简简单单地用三明治草草解决，自己做的也好，超市里买的也好，只求快速吃完。至于味道呢，马马虎虎也就够了。晚餐也会偷懒，从超市里买现成的餐点，回来加热就好。你说，这真的好吃吗？在跟我的中国伴侣生活了这么多年后，我的饮食习惯也早已有了改变，我的午餐逐渐被包子和面条所取代，晚餐开始自己下厨，蒸米饭和炒菜成了家常便饭。就连下馆子，我们都会经常选择亚洲菜系。

我非常有幸地和我的伴侣去了两趟中国。2014年5月，我们在香港庆生；2017年过生日，我们在内地（上海、北京、长沙和武汉）度过。之前从未来过亚洲的我十分享受这两次"文化碰撞"之旅，在伴侣的带领下见识了香港和内地的惊人发展，这里有比伦敦更多的高楼大厦、更密集的人口、更古老的历史文化。但让我印象最深刻的，还是美食和饮食文化。

我记得在香港的第一顿大餐，是在当地一家非常著名的翠华餐厅，是我的伴侣推荐的。去之前我还在想，既然是著名的餐馆，那一定是富丽堂皇、高雅尊贵的场所，食客也应该规规矩矩、斯文有礼。但结果和我想象的完全相反，这里人声鼎沸、热闹非凡，服务生手脚利索，和英国餐厅慢条斯理的用餐环境形成鲜明对比。餐厅面积不大，却摆满了大大小小的桌子，我们和邻桌靠得非常近。一开始我还有一点不自在，但很快就被这种文化碰撞的新鲜感吸引了。我环顾四周，每个食客都在尽情享受美食，大声又愉快地交流，表情丰富，放松惬意。突然我身后传来一声巨响，把我吓得一激灵，还以为发生了什么紧急事故。等回过神转头一看，其实是一名服务生在大声吆喝，示意刚来的食客就座，我俩哈哈大笑。我明白了，在香港吃饭，其实就是在体验地道的市井生活，这里的交流毫无修饰，真诚自然，还必须得大声，这是我觉得非常新鲜的文化体验。要说有什么不适应的，可能还是和别人坐得太近吧。如果和邻桌到了手肘碰手肘的地步，大部分英国人可能最终还是无法接受，我们就餐的时候还是需要一定的私人空间。

第二次在内地度假，我们在短短两周时间里跑了4个不同的城市，也品尝到了每个地方特有的美食。从上海的宝塔肉到北京的脆皮烤鸭，从长沙的米粉到武汉的热干面，每一天都被中华美食围绕。去过米其林餐厅，也吃过街边小摊。我发现，在中国吃到的美食和我在英国吃到的完全不一样，感觉我前面三十几年吃到的都是假的中国菜。英国的中国菜千篇一律，都是经过改良的菜品，"粗暴"地将并不怎么新鲜的蔬菜和肉类配在一起弄熟，然后浇上单调的酸甜酱汁。所有菜品一只手都数得过来，既不正宗也不健康，可是英国人却无比喜欢，每个星期都忍不住点一次。而我非常有幸能在中国品尝到地道美味，新鲜的食材，丰富的调料，五花八门的烹饪方式，川鲁粤淮扬、闽浙湘本帮，我真恨不得都吃一遍。我的伴侣说，即使一日三餐都吃一种不同的中国菜，一年下来也吃不完所有的菜品。所以我恳请我那些自称特别喜欢吃中国菜的英国朋友们，都亲自来中国看看吧，这里没有英式中餐里的酸甜鸡球，没有蘑菇鸡肉饭，却有着广阔的美食世界。

正因为这里的中国菜太正宗，我想英国人并不能接受所有的菜，特别是来自动物内脏和身体器官的菜，比如中国朋友爱吃的炒猪肝、炒腰花、猪耳朵、猪蹄子、鸭舌头、鸭脖子，甚至是每个人都爱吃的凤爪。包括我在内的很多英国人似乎很难迈出第一步去尝试。当然这只是习惯问题，正如日本的鲸鱼肉、澳大利亚的袋鼠肉、法国的蜗牛，在当地人看来是普通的美味，外国人却需要鼓足勇气去接受。不过，这并不影响我享受在中国的美好时光，不管是伴侣、家人的悉心烹饪，还是我们精挑细选的饭馆小店，我吃过的每一道菜都在我的灵魂深处留下难以磨灭的印记。中国美食不仅抓住了我的胃，也抓住了我的心。

由以上的论述，我们可以看到中国文化深深吸引着很多外国人，我们应该充分借助外国人的视角来促使中国文化走出去，从而更好地树立中国形象，讲述中国故事。

第四节　量化研究视角：国家品牌和文化自信视角下的"洋网红"现象研究

国家品牌和文化自信作为国家软实力的一部分，与实现中华民族的伟大复兴一起成为我国国民奋斗的目标。本节将"洋网红"传播现象看作塑造国家品牌形象、提升文化软实力的一个"窗口"。为了证明"洋网红"传播现象对国家品牌形象的塑造和国民文化自信的提升之间存在联系，本节主要从理论和量化视角进行了调研论证。

在具体方法上，调研选取了较有代表性的"洋网红"案例作为研究素材，通过分组问卷实验的方式挖掘"洋网红"与提升国家品牌形象和文化自信的内在联系。具体实验过程是将受众分为实验组和对照组，分别向受众播放不同类型的典型"洋网红"传播视频，并以问卷调查其文化自信程度。通过调研与结果比对，论证了"洋网红"视频对受众的文化自信程度有一定的提升。

一、相关的研究背景

（一）研究缘起

新媒体的蓬勃发展改变了新闻传播模式，以 UGC、PGC 为代表的 web2.0 时代给予了自媒体发展的机遇，使其能够创作并传播优秀的自制内容。自媒体人凭借其多方面才能和高质量原创内容吸引了众多粉丝，"网红"也成为众多自媒体人的代名词。UGC（user-generated content），即用户生产内容，内容生产者主要为业余人员，他们出于个人爱好等原因参与内容生产，例如个人抖音账号。PGC（professional-generated content），即专业内容生产者，其内容生产者大多拥有专业知识或工作资质，拥有专业化生产工具和制作团队。

在经济全球化的时代背景下，外国人开始越来越多地参与中国的经济、文化建设。他们前往中国求学、旅行甚至定居，他们用自己的方式了解中国，部分外国人在中国互联网社交平台中分享在中国的经历、对中国的看法等，他们粉丝众多，被称作"洋网红"。"洋网红"属于"网红"的范畴，借鉴网红的定义，"洋网红"是指在中国网络社交平台中走红的外国人。

"洋网红"现象本质上是一种跨文化传播活动，"洋网红"传播现象在潜移默化中使他国与我国的文化产生碰撞，将中国的形象、中国的文化传递给他国受众，同时又将他国对我国的看法通过原创作品表达出来，以"他者"视角塑造出中国形象，让外国人民在文化对比之中更加了解中国，让我国国民对国家形象的塑造和文化自信的提升具有一定的帮助。因此，在提升国家品牌形象和文化自信的背景下，"洋网红"传播现象对提升我国文化软实力兼具理论意义和实践意义。

（二）国家品牌形象与文化自信研究

1. 国家品牌形象

国家品牌也被称为一个国家在公众心中的形象，公众不仅包括本国国民，也包括外国国民。我国的综合国力提升，传递中国国家品牌形象的渠道和方式逐渐多元化，从经济、军事硬实力的议题逐渐向国家品牌形象等软实力的议题方面演变。互联网时代，官方主流媒体在对重大事件的报道过程中，在互联网舆论场中设置与该重大事件相关的议题，能使受众在使用网络时注意到相关议题，进而对其产生潜移默化的影响。生产与国家形象相关的影视文化产品，例如《厉害了我的国》《夺冠》等影视产品，无不体现了我国对国家品牌形象的重视。

对于接受核心价值传递的不同国家公众而言，其在接受主流媒体对核心价值的输出方面，由于文化差异、刻板印象等原因，对某一国家品牌形象输出的理解会不同。本国国民经过长期生活和学习环境的思想渗透，产生文化认同感，对本国官方国家品牌形象的输出较容易理解和接受；而他国国民由于各方面的差异，加之当下关于中国的负面言论以及西方垄断媒体的渲染，本国官方的主流价值输出成效大打折扣。

中国日益走近国际舞台的中央，我国始终秉持友好协作、互惠互利的理念开展一系列外交工作。而由西方国家主导的国际秩序受到挑战，部分西方国家对于中国的稳步发展产生了复杂心理，为捍卫自身优势，他们借助舆论恶意抹黑中国。例如借助舆论炒作中国内政问题，借助疫情"妖魔化"中国，《纽约时报》在2020年3月8日称中国封城措施为牺牲人民自由，意大利封城则是冒着经济危险保护欧洲。外媒种族歧视的言论更是不断，导致海外同胞遭受歧视乃至人身安全受到威胁。

2. 文化自信研究概况

党的十八大以来，党中央更加重视中华传统文化的作用，习近平总书记首次提出了"文化自信"。习近平总书记指出"文化自信，是更基础、更广泛、更深厚的自信"，其语境更为庄严，观点更为鲜明，态度更为坚决，传递出这既是文化理念又是指导思想。国内众多学者对文化自信的研究大多基于"文化自信的概念""文化自信的作用""文化自信的培养""习近平文化自信的思想研究"与"大学生文化自信"几个方面。例如，刘云山、廖小琴、熊晓梅等人从不同方面对文化自信的含义进行阐述。许多学者从民族复兴、文化强国等角度对文化自信的功能进行阐述，如靳凤林从民族复兴的角度来阐述文化自信的力量与功效，他提出"文化自信是民族复兴的精神支柱"[1]。

国内学者多维度、多角度地对文化自信进行研究分析为我们深入理解文化自信奠定了基础，但是整体而言，研究范围过于局限。在中国知网搜索"文化自信"关键词，多数文献集中研究大学生文化自信的提高，角度同化，研究方法大多基于宏观视角，从个别大现象切入，极少着眼于微观个体。

美国政治学家塞缪尔·亨廷顿从政治学的视角对国家认同、国家认同危机的结局等问题进行了探讨[2]。美国学者乔纳森·弗里德曼从文化人类学的视角出发，比较分析了不同民族和国家的人民在经济全球化过程中如何重新塑造自己民族的认同感[3]。

国外学者没有直接提出和研究"文化自信"，但是其文化认同、族群认同、文化反思等研究大多直接或间接地与文化自信有内在的关联，奠定了文化自信的研究基础。

（三）"洋网红"研究现状与问题

目前国内对"洋网红"的研究大多处于基础、浅显的阶段，大多集中于"洋

---

[1] 靳凤林. 文化自信：民族复兴的精神支柱[J]. 道德与文明，2011（5）：22-24.
[2] 塞缪尔·亨廷顿. 文明的冲突与世界秩序的重建[M]. 周琪，刘绯，张立平，等，译. 北京：新华出版社，2018.
[3] 乔纳森·弗里德曼. 文化认同与全球性过程[M]. 郭建如，译. 北京：商务印书馆，2003.

网红"的传播作用、对国家形象的构建及自媒体治理几个方面,研究角度和研究文献相对较少。有的学者主要从"洋网红"的特征、传播作用和治理角度研究,而有的学者基于哔哩哔哩视频网站对"洋网红"短视频的传播效用进行研究分析。对"洋网红"的研究集中于近几年,且总体而言研究成果匮乏,没有针对"洋网红"对我国国家形象塑造和提升文化自信的作用进行系统的研究分析,研究角度单一。对于"洋网红"的研究应该拓宽角度,结合当下热点和个体案例,综合性分析"洋网红"对我国文化软实力方面的提升作用。

由于本研究的调研主要针对"洋网红"在中国社交网络中对我国国民文化认知和文化自信产生的效用,因此仅统计中国具有代表性的互联网社交平台。哔哩哔哩视频网站和微博是年轻用户注册量大、活跃度非常高的两个平台(表3-4-1)。如表3-4-1所示,其中统计的大部分是粉丝基数较大、播放量较多的"洋网红","韩国东东"的视频累计播放量在哔哩哔哩网站中有一个多亿。"洋网红"们发布内容的网站集中于哔哩哔哩、微博和抖音旗下的视频软件如西瓜视频,但在不同平台发布的内容是相同的。

表3-4-1 部分"洋网红"统计一览表(截至2020.4.29)

序号	国家	洋网红	哔哩哔哩粉丝量/万	新浪微博粉丝量/万
1	韩国	韩国东东	109.5	61.3
2	韩国	宰成一米达	19.6	11.5
3	韩国	韩叔TV	22.6	1.5
4	韩国	肌肉山山	91.2	67
5	日本	山下智博	262.1	133.1
6	日本	小野寺AMIKUN	15.5	2.8
7	日本	松浦文哉	86.2	29.1
8	日本	一之濑asuka	101.9	27.2
9	以色列	歪果仁研究协会	353.4	411.5
10	美国	最帅的老外	34	18.3
11	美国	real麦克老师	62.5	9
12	美国	我是郭杰瑞	488.9	207
13	美国	口语老炮儿马思瑞	105.5	91.5
14	加拿大	Trevor James吃货老外	79.9	24.5

续表

序号	国家	洋网红	哔哩哔哩粉丝量/万	新浪微博粉丝量/万
15	加拿大	杰里德 jared	189.2	62.8
16	意大利	Martina 黄菲菲	40.9	10.4
17	德国	阿福 Thomas	127	179.4
18	荷兰	我是嘿老外	40.1	160.1
19	西班牙	西班牙小哥儿德明	14.5	71.5
20	西班牙	Noel 苏诺一	44	53.8

结合各国"洋网红"粉丝量，统计分析后发现西方国家的"洋网红"平均影响力比亚洲或其他国家的洋网红影响力更大。以色列国家国土范围小，但"歪果仁研究协会"的高佑思粉丝量大，出现时间较长，是"洋网红"中的翘楚。

互联网时代"内容为王"，"洋网红"需要制作出优质的内容吸引用户才能从众多"洋网红"中脱颖而出。除了"口语老炮儿马思瑞"和"real 麦克老师"以英语口语教学为主，"Trevor James 吃货老外"则是以美食为拍摄主题。大多数"洋网红"并没有特定的拍摄主题，视频内容广泛，部分关键词统计如图 3-4-1 所示。

图 3-4-1 "洋网红"传播内容关键词

"洋网红"不仅在普通网络用户中具有一定的影响力，我国官方主流媒体对"洋网红"发布的内容也有所关注。央视新闻新浪微博账号在海外疫情实况新闻中采用了"洋网红"郭杰瑞的美国疫情时期街头采访视频。《中国日报》对郭杰瑞在疫情时期为中国东奔西走筹集口罩等物资的行为进行了专访，在专访中郭杰瑞对外媒的不实报道和言论进行批判。

（四）"洋网红"现象对中国形象构建的意义

在世界多极化、经济全球化的时代背景下，应从提升国家硬实力和软实力两个方面切入解决中国的国家形象污名化问题。一方面是国家硬实力，国家硬实力的增强、完善的外交政策及坚定的外交立场是为我国形象正名的有效手段。另一方面是国家软实力，国家软实力更多涉及文化方面，因而国人文化素质的提高、文化认知加强有利于增强我国的国家凝聚力，更好地展现国人形象和国家面貌，击破"中国威胁论"等形象污名化的"谎言"。

本书将"洋网红"传播现象作为塑造国家品牌形象、提升文化软实力的一个"窗口"，"洋网红"大多数是自媒体，是传播信息的媒介。"洋网红"将"他者"视角下的中国形象在中国社交媒体中进行传播，"洋网红"的大多言论和作品是赞美中国的，外国人作为"他者"称赞中国相比国人称赞中国，对国人文化自信的提升效果更加明显。因此"洋网红"传播现象无疑对国人构建更好的国家形象、提升文化认知和自信有一定的效用（图3-4-2）。

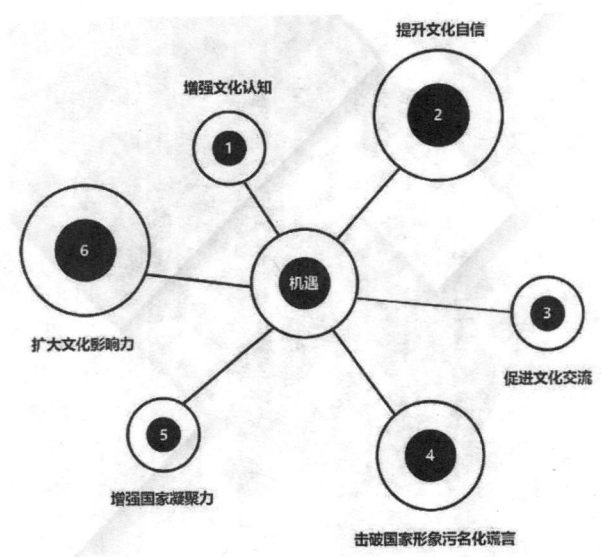

图3-4-2 "洋网红"传播现象对我国的效用

同时，"洋网红"是中国形象对外传播的桥梁，他们对中国的认知和态度直接影响了他们的同胞。而那些未曾深入了解过中国的外国友人，了解中国的方式大多是本国官方媒体、影视文化作品等，只是官方媒体与国民容易产生距离感。相较于官方媒体，身为外国国民的"洋网红"作为传播媒介，以亲身经历和自身感受作为传播内容，更容易使"洋网红"身边的受传者信服。

在2020年全球疫情暴发，在中国疫情严重的情况下，许多"洋网红"发表视频作品为中国加油打气，还有部分"洋网红"在耗费时间、金钱和精力的情况下从外国运输医用物资支援中国。但疫情时期中国形象污名化现象从未停止，反而愈发严重。当武汉发生疫情的消息在全世界传开后，国外许多媒体发表了对中国带有偏见和恶意的新闻报道。而在新浪微博经营"歪果仁研究协会"的高佑思，2020年2月20日在新浪微博发表了一段视频，主题是"疫情时期的海外华人究竟经历了什么"。该视频针对中国在疫情防控期间国家形象污名化的现象，对部分经历外国人歧视的海外华人留学生进行采访。通过该视频，人们发现众多别有用心的外国媒体为抹黑中国的国家形象，明知有可能引导外国国民对中国形象的抹黑和对中国国民的歧视，仍然在媒体上发表低级趣味的不当报道和言论。

高佑思作为外国人，发表该视频，用真实的案例和心理学、社会学理论分析外国媒体的不当行为，呼吁所有国家的人民加入反对对中国的歧视的行动中来，呼吁大家用言论和行动来反对这种歧视。

最后，通过"洋网红"这个窗口，中国国民能够了解别国的文化习俗，学习国外的文化与知识，也增强了我国文化与他文化之间的交流，有力推动我国文化走向世界，增强我国文化的国际影响力。

（五）研究价值

1. 理论价值

我国经济、科技等方面有举世瞩目的巨大成就，但是文化在全球文化的影响力方面的提高仍然需要推动力。提升硬实力是解决该问题的必然基础，国人文化自信的提升、转变对我国各方面认知也是解决该问题的必要条件。随着科技的发展，国人文化自信的程度不仅与文化历史的传承和演变相关，传播媒介同样具有不可或缺的作用。网络时代，新媒体和自媒体人崛起，网络社交媒体平台上"意见领袖"们的舆论力量不容小觑。

国家品牌和文化自信视角下的"洋网红"传播现象的研究，对外能够为国家形象建构提供新的视角，在中国国际形象与地位提升的路径上开展理论探索。这也是本书的创新之处：一方面，可以研究"洋网红"现象对构建我国的国家品牌形象有何作用；另一方面，研究"洋网红"传播现象和传播群体的"他者"视角构建的中国国家形象对中国人民提升文化自信是否存在一定的效用。

2. 实践价值

研究"洋网红"现象有助于对外传播的理论上升与实践。在中国语境下，我国对外传播通常是"以我为主"的叙述模式，我国的高语境文化和西方的低语境文化之间存在显著差别。"洋网红"传播现象研究有利于媒体优化传播内容，寻找共通的语义空间，寻求便于文化沟通的最大公约数，有利于媒体掌握讲好中国故事的策略，增强国家软实力。

对该传播现象的研究，首先能为提升中国媒体国际话语权提供路径，为中国文化走出去提供策略支撑。其次，利用多平台、跨媒介联动，结合议题设置，将官方舆论场和网络舆论场相统筹，可更"接地气"地对本国国民输出核心价值，提升国民的文化自信，提升文化软实力。最后，根据资料的收集与分析，可为涉及"洋网红"传播内容的监管与审核提供参考依据，提升网络传播质量，净化网络环境。

（六）理论支撑

1. 意见领袖

"意见领袖"是指在团队中构成信息和影响的重要来源，并能左右多数人态度倾向的少数人。其往往有一定人际关系处理能力并且获得大家认可，从而成为群众或公众的"意见领袖"。

"洋网红"是网络"意见领袖"的代表，在社交平台中拥有众多国内外的粉丝。他们在国内外以街头采访、Vlog及短视频等形式在社交网站中发表自己的观点，他们以外国人的身份讲述在中国的故事，感受中国近年来经济、科技、文化等方面的发展，阐述自己的认知，以他者视角塑造我国的国家形象，在一定程度上能够打破本国国民的既有认知，了解中西方的差异，提升国人文化自信。

2. 镜像理论

1936年，"镜像理论"被提出，镜像理论又称为镜像阶段理论，分为前镜像阶段和镜像阶段。镜像理论认为在前镜像阶段，婴儿由于身体尚未发育完善，对自我的认知较为模糊。而在镜像阶段，即孩童在6～18岁及以后能从镜子中辨别自己，观察镜子中自我的表现、周围的环境及与环境的关系，从而形成自我认知、发现自我、改善自我。镜像理论的核心观点为，他者在人类"自我意识"的确立中扮演着重要的角色。

电视屏幕和自媒体人的镜头无形中成了一面镜子，我们会在观看他人行为与故事的过程当中建构自我认知。因此可以推断在网络传播领域,"洋网红"在讲述中国故事时,国人也会建构出相应的中国形象。

二、研究设计

(一)研究基本观点阐述

国家品牌和文化自信视角下的"洋网红"现象研究,目的是通过实证调查了解"洋网红"在提升国家品牌形象和文化自信上的作用。通过建立资料库并进行样本分类的基础工作,完成投放样本、对比分析、得出结论等后续工作,观察不同类型的"洋网红"传播视频对受众的影响关联度,最后对传播效果较好、社会影响正面的个案进行研究,以寻找影响传播效果的关键要素。

(二)研究方法

1. 资料收集法

笔者通过阅读有关国家品牌塑造、文化与文化自信、"洋网红"传播现象的论文和专著,探究目前对国家形象的认知、文化自信的研究现状和研究路径,通过"洋网红"传播现象及其他传播方式思考如何增强国人文化自信。通过文献研究法研究目前在群众中普遍存在的诸如"文化自卑""文化自负""西方中心主义"等阻碍文化自信建设的种种现象。

目前中国有关"洋网红""他者"塑造国家品牌形象的文献资料逐年增多,越来越多的"洋网红"活跃在中国的社交平台中,文献和资料的收集、研读也较为方便。研究通过收集文献和有关"洋网红"传播现象的资料与传播案例,进行了一定的资料库建设。

"洋网红"资料库的内容主要在中国目前用户量最多的社交平台中搜集。研究根据视频内容、视频播放量及"洋网红"的粉丝数量筛选出了50个左右的视频。资料库的内容大多是"洋网红"拍摄的15秒至60秒的短视频,根据视频内容可以感受到中外文化的交流与碰撞,更直观地展现中国文化强大的传播力和影响力。这些资料为本研究提供了样本基础。

2. 对照实验法

对照实验法是本研究的核心研究方法,大致实验设计如下:首先,明确实验对象为国内受众。其次,使用分组对照实验法,测试观看完"洋网红"传播现象材料的实验组和不观看材料的对照组的文化自信程度的差异。为了研究不同传播元素对国人文化自信的作用,将其分为"科技""饮食文化""出行工具"等不同传播元素的视频案例。通过不同类别视频进行多组别投放,以问卷形式测试不同传播要素对文化自信程度的影响。整合实验数据后,分析对照实验法生成的数据,关联不同传播要素与态度差异数据,量化态度差异比例并分析差异产生原因。

3. 信息可视化设计

读图时代,信息可视化增强了数据和信息的可读性,将要传达的信息通俗易懂地表达出来。图表也具有一定的艺术性,主要是通过视觉的传递来完成的,符合人们的欣赏习惯和审美情趣,这也是其区别于文字表达的艺术特性。笔者根据调研所获得的数据信息进行可视化分析,为调研报告增加层次感。

三、实验设计和样本选择

(一)实验设计思路

本节的研究目标是判断"洋网红"传播现象是否有利于国人构建良好的国家形象、提升文化自信,在此研究目标基础上结合分组对照实验和数据分析,从而得出正确的研究结论,实验设计过程如下。

首先,在中国各大社交媒体网站中寻找有一定粉丝基数、符合"洋网红"定位的外国人用户,批量观看符合定位的"洋网红"发布的视频。随后筛选出符合实验的视频,根据视频类型建立文件夹,整理后分别包含"饮食文化"类型、"洋网红称赞中国"类型、"出行工具"类型等。

随后从各类型的视频数据库中选取适合作为典型样本投放的"洋网红"传播视频,最终选取"我是郭杰瑞"的视频。该网红视频点击量高、粉丝多,在社交媒体网络中具有一定的影响力。其视频长度适中,多为五分钟左右,视频类型多样,结合街头采访、知识科普等类型,具有一定的深度。选择同一网红的典型样本视频进行投放,能够减少其他因素对实验结果的干扰,保证实验结果的准确性。根据实验要求,选取了六种类型的视频,即"品牌影响""科技影响""洋网红称赞中国""饮食文化影响""出行工具影响""国内外疫情"。

其次,将实验受众分为一个对照组和六个实验组,对照组成员不观看"洋网红"传播视频,直接进行问卷的投放。六个实验组分别对应投放六种类型的视频,再填写与对照组成员相同的问卷,随后得出实验数据。

最后,将每个实验组的数据分别与对照组的数据进行对比分析,观察"洋网红"传播现象是否对提升国人文化自信具有一定的效用,并将六组数据分别进行对比，了解不同类型"洋网红"传播视频对国民文化自信的提升程度，选择出最具影响力的样本案例。实验流程图如图 3-4-3 所示。

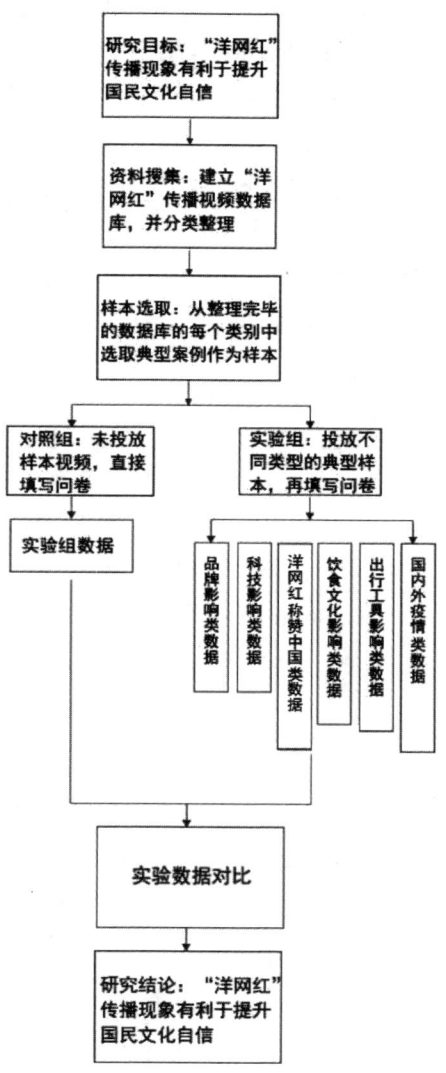

图 3-4-3　实验设计流程图

（二）问卷设计阐释

本书设计的问卷的内容主要围绕视频内容的几个方面，且实验的目的主要是观察实验者态度的变化，所以问卷的题目大多是数值为 0~9 的量表类型的题目。确定受众的年龄与职业便于判断不同的年龄阶段和不同的职业与文化认知、文化自信是否有关联，例如学校的思想政治教育对学生的文化自信培养是否有一定的帮助。另外，受众本身的思想价值观念与其对事物的认知有关联，其中问卷的第 5 题至第 9 题与问卷的关联度较高，也是观察实验组与对照组态度差异变化最直接之处。对照组在没有观看视频的情况下，主要是根据自己的既有认知来填写该问卷。

而第 11 题至第 18 题则是由思想价值的变化转变为观察实验者行动的变化。实验组成员在观看视频资料，了解了外国人眼中的中国，了解外国人对中国文化的追捧，对中国创造、中国制造的称赞，对比中外文化、生活、科技等方方面面后从而改变他们的行为选择。第 19 题主要是比较对照组和实验组对中国发展的认知。在人们的固有认知中，中国的农业、制造业领先于世界，还存在文化自卑的人不了解中国的科技研发正在飞速发展甚至赶超大部分国家。问卷主要内容如表 3-4-2 所示。

表 3-4-2　问卷设计题目

序号	问卷内容
1	您的年龄？
2	您的身份？
3	您的思想和价值观念受中国文化还是外国文化影响较深？
4	您更重视中国传统节日还是西方的节日？
5	您认为中国文化优于其他文化吗？
6	您喜爱某种商品的中国元素文化内涵？
7	您对中国文化有强烈的自豪感？
8	当听到有人说中国文化不好的时候，您会很不舒服？
9	您认为中国文化在国际上很有影响力？
10	您认为中国的科技在不久将会赶超外国？
11	您认为中国文化的继承和发展的问题过于宏大，与自己无关，无能为力？
12	您更愿意选择外国品牌？
13	相比在国内，您更愿意去国外旅游？
14	您认为外国的生活尤其是西方国家的生活比中国的生活更加便利？
15	您认为外国的教育质量优于国内？
16	如果可以，您很愿意出国留学？
17	您更愿意观看国外的影视节目？

续表

序号	问卷内容
18	您强烈向往国外的生活？
19	您认为下列哪些领域，中国的成就位于世界前列？

（三）"洋网红"传播现象的实验样本描述

根据对中国互联网社交平台中"洋网红"的选择与分析，浏览量较大的社交软件主要有微博、抖音、快手、哔哩哔哩等。"洋网红"一般将自己与中国的故事剪辑成视频发布于社交网站，粉丝量较大、受网友关注度较高的"洋网红"主要有"歪果仁研究协会""我是郭杰瑞"等。样本选择是本书实验的基础环节，也是极为关键的一个环节，根据各方面综合分析和把关，主要选择"我是郭杰瑞"在微博社交软件中发布的视频作为典型样本进行实验投放。笔者选择了较为贴近生活的几种类型，主要类型为"品牌影响""科技影响""洋网红称赞中国""饮食文化影响""出行工具影响""国内外疫情"，实验样本具体信息如表3-4-3所示。

表 3-4-3　实验样本简述表

视频内容	视频样本投放时间	新浪微博播放量/万次
中国产品引发美国人排队购买？听听美国人怎么说。	2020年2月18日	584
世界最大科技展——国际消费类电子产品展览会上，中国科技品牌在海外到底怎样？	2020年2月18日	117
聊一聊在中国一个月的旅游感想。	2020年2月18日	69.4
圣诞吃中餐竟然成为美国传统？街访美国人为啥选中餐！	2020年2月18日	160
中国地铁首次在美国运营！街访美国人怎么评价新车厢？	2020年2月18日	167
美国医疗贵不贵？街访美国人能负担新冠医疗费吗？	2020年3月18日	661

（四）实验样本内容阐释及选取原因

1. "品牌影响"类型

该视频内容为中国手机品牌"一加"受到众多美国用户的青睐。"一加"品牌在国内的粉丝量少，但是在视频里却有许多美国人在其实体店门口排长队，与国人在国内连夜排队购买新款苹果手机相似。而且"一加"品牌的手机在他们眼中口碑极佳,更有美国人为购买到"一加"手机而欢呼。该视频长度大约 5 分 30 秒,视频截图如图 3-4-4 所示。视频主要采用街头采访的形式,最后"洋网红"作为主持人也对中国自己研发制造的产品表达了高期望。

图 3-4-4　美国人排队购买"一加"手机

虽然我国多数国产产品逐步转型打入市场甚至走向世界,例如以李宁为首的国潮风产品不仅在中国市场畅销,在国外也颇受青睐。但仍有部分国人出于刻板印象、攀比心理等原因,认为国产品牌的质量远低于外国品牌。实际上这是文化自信遭到冲击的一种表现,如何消除国人的刻板印象、改变国产品牌是"廉价"的代名词的观念仍任重而道远。

2. "科技影响"类型

该视频内容为"洋网红"郭杰瑞到拉斯维加斯的全世界最有名的科技展,所有的高科技公司都会带着自己最先进的科技去展览,而郭杰瑞则会采访世界各地的人对展会上的中国科技的看法。在展会中展览了华为的折叠手机、康佳的 8K 电视,采访的路人对中国科技的印象深刻,好评一片,如图 3-4-5 所示。

图 3-4-5　美国人夸赞康佳品牌

中国在众多科技领域已经有了很大成就,如5G技术、移动应用市场、自主研发和制造的宇宙航天技术等。虽有官方媒体报道,但是通过外国自媒体人的视频,在世界上最有名的国际消费类电子产品展览会上,中国的科技产品占据了25%,越来越多的中国公司参加这个科技展。通过了解他国国民对中国科技产品的评价,增强本国国民对中国科技领域的认知,提升文化自信。

3."洋网红称赞中国"类型

该视频主要内容为"洋网红"郭杰瑞在中国旅行一个月的真实感受,他亲身经历、了解了中国多个省市的风土人情,真诚地称赞中国的文化和城市的发展速度,如中国的线上支付、共享经济等,并且与美国进行对比。通过视频能够真切地感受到中国近几年的快速发展,视频长度大约5分钟,如图3-4-6所示。

图3-4-6　郭杰瑞对中国发展的评价

在新的传播形式下,民间自媒体人的话语权提升,其身份与实验受众相近,弱化官方传播的政治色彩。基于雅克·拉康的"镜像理论",国人通过郭杰瑞的视角,深刻地感知到在中国大范围内已经普及的产品或服务让外国人产生新奇感和便利感,镜头中郭杰瑞所经历过的也是我们自己所熟知的。因此"洋网红"在镜头中构建的中国形象,重构了国人对本国形象与外国形象的认知,打造了良好的国家品牌形象,提升了国人的文化自信。

4."饮食文化影响"类型

饮食文化是体现中外文化差异的领域之一,每个国家都有不同的饮食习惯。随着文化交流的兴起,中国餐馆在国外也变得常见,在社交媒体中也经常看到"洋网红"对中国的美食赞不绝口,如图3-4-7所示。

图 3-4-7　美国街头采访对中国食物的评价

"洋网红"郭杰瑞根据美国圣诞节时中餐为第一选择，甚至成为犹太人的文化习俗这一现象展开街头采访。在圣诞节当天，人最多的地方不是国外的市中心，而是中国餐厅，许多的外国人都在中餐厅外排队等候。虽然主要是由于圣诞节当天只有中餐厅营业，所以成为多数美国人的选择，但这也是中国饮食文化走出去的表现。而观看该视频的实验结果能全方位、多维度地为构建中国形象、提升国人文化自信提供数据支持。

5."出行工具影响"类型

该类型视频主要内容为将中国出口至美国波士顿的地铁与美国原有的地铁进行对比，郭杰瑞在地铁站采访美国人对新地铁的评价。美国原有的地铁是几十年前建造的，车厢内部老旧，没有站点提示；而中国出口的地铁相较于其他国家出口的地铁性价比高，价格低、质量好，因此受到外国人的称赞（图 3-4-8）。

图 3-4-8　中国出口至波士顿的地铁

我国自主研发能力提升，国内研发的高铁、地铁等交通工具出口至国外，却仍有部分国人认为我国各方面技术不如外国。通过"洋网红"的视频，让本国国人了解外国国民对中国出口的交通工具的良好评价，增加了文化自信提升的可能。

6."国内外疫情"类型

2020年全球疫情暴发，中国人民的团结、国家的强大在抗疫时期体现得淋漓尽致。中国是病毒最先攻击的国家，在国家的带领和人民的配合下，在医护人员及社会志愿者多方面协助下，疫情逐渐平复，治疗疾病的昂贵医疗费用由国家承担。当国外疫情猖獗时，"洋网红"郭杰瑞将国内外疫情治疗费用进行对比，在美国治疗费用基本由国民自己承担。通过视频我们了解到，在美国并不是每个人都能够买得起保险，保险的价格高，好的公司即使帮员工购买了高额保险，员工自己也需要承担6000多美元的保费。而一般的公司只能帮员工购买一般的保险，很多治疗项目并不在保险报销范围之内，因此大部分美国人看病价格昂贵。

有媒体报道，中国新型冠状病毒的治疗费用有的高达一百多万元，都由国家承担，火神山医院十天建成体现了"中国速度"。国外疫情愈发严重时，中国的医疗物资多次捐赠、出口至国外，中国抗击疫情的方法被他国借鉴。在视频与报道的对比下，国民在亲身的感受中更能感受国家的强大，提升国人的自信。如图3-4-9所示，2019年3000万美国人因没有买保险需支付高额治疗费用。

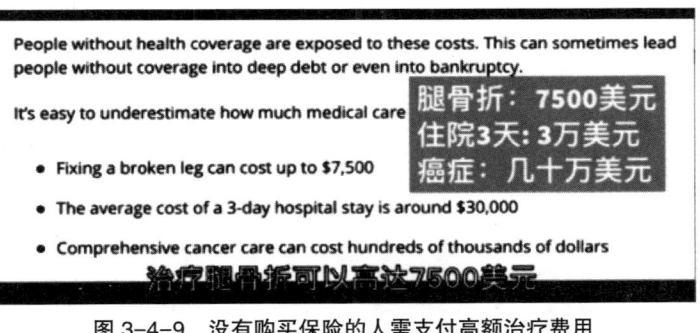

图 3-4-9　没有购买保险的人需支付高额治疗费用

（五）实验分组与投放方式

实验根据典型样本的类型分为六个实验组和一个不进行视频投放的对照组。由于疫情这一特殊原因，样本和问卷投放都选择线上投放的方式。对照组的实验受众不需要观看样本视频，所以选择随机投放问卷的方式；实验组的受众都需要观看五分钟左右的样本视频。线上投放与线下投放具有一定的差异，相比于线下投放，线上投放的强制性弱，只有确保实验组成员一定在看完视频后再填写问卷，才能保证实验结果的误差最小。因此对实验组成员是定向投放样本视频，在最大程度上确保实验结果的准确性。

四、"洋网红"传播现象实验数据采集与分析

（一）实验数据采集与总体结果分析

态度量表的数值为0~9，在"您的思想和价值观念受中国文化还是外国文化影响较深"的题目中，"0"偏向于中国，"9"偏向于外国，所以量表平均数值越小，说明该组成员受中国文化影响越深。在其他问卷题目的量表数值中，"0"偏向于否，"9"偏向于是，整体数据值如表3-4-4和图3-4-10所示。

表3-4-4 实验数据量表数值一览表（单位：态度量）

问卷题目	对照组	品牌影响	科技影响	洋网红称赞中国	饮食文化影响	出行工具影响	国内外疫情
您的思想和价值观念受中国文化还是外国文化影响较深？	3.71	3.52	2.49	2.55	1.69	2.6	2.51
您更重视中国传统节日还是西方的节日？	7.87	8.93	9.31	8.25	9.33	8.79	8.52
您认为中国文化优于其他文化吗？	5.87	6.7	7.08	7.45	6.98	7.57	5.49
您喜爱某种商品的中国元素文化内涵？	7.73	7.84	8	7.95	9.07	8.3	8.41
您对中国文化有强烈的自豪感？	8.51	8.64	9.38	8.9	9.78	8.72	8.99
当听到有人说中国文化不好的时候，您会很不舒服？	8.67	8.7	9.31	9	9.73	9	8.7
您认为中国文化在国际上很有影响力？	8.64	7.95	8.31	8.45	8.89	8.28	8.35
您认为中国的科技在不久将会赶超外国？	7.82	7.66	8.64	8.55	9.16	8.23	7.79
您认为中国文化的继承和发展的问题过于宏大，与自己无关，无能为力？	3.58	3.36	2.08	4.15	2.04	2.21	1.79
您更愿意选择外国品牌？	4.47	2.98	2.87	4.05	3.53	2.94	3.21
相比在国内，您更愿意去国外旅游？	4.27	3.32	2.92	3.75	3.49	3.7	3.16
您认为外国的生活尤其是西方国家的生活比中国的生活更加便利？	3.29	2.3	1.97	1.55	1.76	1.94	1.75
您认为外国的教育质量优于国内？	5.73	4.36	4.03	4.7	3.62	4.19	4.52
如果可以，您很愿意出国留学？	5.24	5.75	4.85	5.95	4.78	5.02	4.81
您更愿意观看国外的影视节目？	5.02	3.57	4.26	5.4	3.98	4.38	3.19
您强烈向往国外的生活？	3.58	2.2	2.1	3	2.49	2.6	2.25

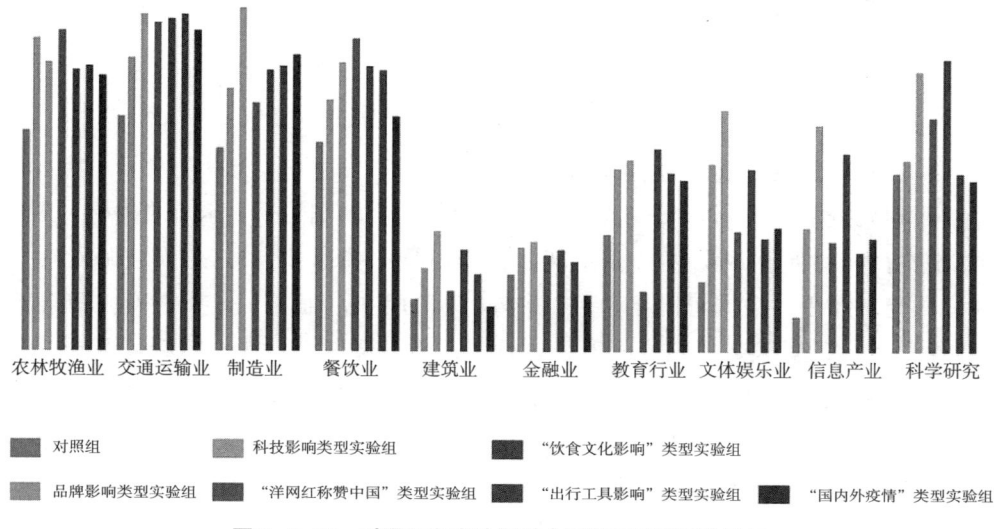

图 3-4-10　对照组和实验组对中国各领域发展的认知

结合数据的呈现与分析，对比实验组与对照组的数据，分析投放"洋网红"典型样本视频资料的问卷调查数据可知，受众集中在 19 岁至 25 岁的年龄段，80% 左右的人身份为学生。在"您对中国文化有强烈的自豪感？"的态度量表中，所有实验组的量表数据均值比对照组的数据都高，并且数值差异较大，饮食文化影响的实验组数值最高。在"您强烈向往国外的生活？"的态度量表中，实验组和对照组的数据差异较大，实验组整体数值下降，偏向于"否"，都比对照组的数据低。对于"您认为下列哪些领域，中国的成就位于世界前列？"，对照组和实验组共同统计的数据显示，农林牧渔业领域、交通运输业领域、制造业领域、餐饮业领域以及科学研究领域的数值是较高的，同样这几个领域的实验组的数值比对照组的数值高。

"洋网红"传播现象对国人的文化认知和文化自信有一定程度的提升作用。就数据对比而言，综合影响力最大的是"饮食文化影响"的典型样本材料，其他样本材料对受众产生了不同程度的影响。所以"洋网红"的传播内容不仅能让国人了解各国的文化差异，同时通过对比，我们能够正确地认识他国国民眼中我国的国家形象，加强文化认同感，摆正心态，脱离文化自卑或是文化自负并走向文化自信。

对照组样本数量为 68，品牌组样本数量为 56，科技组样本数量为 59，洋网红称赞中国组样本数量为 62，饮食文化组样本数量为 60，出行工具组样本数量为 67，国内外疫情组样本数量为 91。

柱状图中的数值越高，代表组内成员认为数值所对应的领域在我国的发展位于世界前列。

（二）"洋网红"传播现象调研分项数据分析

1. "品牌影响"类实验组与对照组数据分析

问卷调查数据显示，接受投放该类型视频的实验组成员的年龄集中在19岁至25岁，与对照组成员年龄相差甚微，身份集中为学生，3.7%为教师及科研人员。与对照组的数据对比显示，在中外节日的重视方面有一定的变化。问卷第3题至第6题的量表数值均有上升，体现出观看"洋网红"传播视频后受众的文化自豪感增强。但是"您认为中国文化在国际上很有影响力？"及"您认为中国的科技在不久将会赶超外国？"的实验组数值相比对照组，数值下降幅度较大。

虽然在其他行为选择方面的数值与对照组相比更加偏向于国内，但对于"如果可以，您很愿意出国留学？"的数据不降反升。根据年龄和职业推测，主要是由于该实验组成员的身份集中于学生，说明外国教育对国内学生具有一定的吸引力。

2. "科技影响"类实验组与对照组数据分析

该类型实验组成员的年龄处于19～25岁的人占比60%，26～35岁的人占比10%，36～50岁的人占比20%。60%的人的职业为学生、私企员工、国企员工，公务员具有较小占比。根据数据推测可得，该实验组的成员可能出于身份、职业及原有思想价值观等原因，加上视频材料的影响，对中国文化的重视及自豪感的数值明显与对照组的数据有差别。

该组实验数据与对照组相比，文化自信提升明显。在"您对中国文化有强烈的自豪感？"和"当听到有人说中国文化不好的时候，您会很不舒服？"两项中，实验组态度量表均值分别为9.38和9.31，偏向于"是"。看过"科技影响"典型样本材料的实验组在"您认为中国的科技在不久将会赶超外国？"一项中的量表数据，是所有数据中仅次于"饮食文化影响"类型的，表明该典型样本材料对实验组成员的态度改变产生了一定的效用。

3. "洋网红称赞中国"类实验组与对照组数据分析

数据表明，该类型实验组的年龄与身份集中为处于19岁至25岁的学生。该组成员认为自己的思想和价值观念受中国文化的影响比较深，态度量表均值为2.55，态度明显偏向受中国的影响。

该实验组在文化认知方面的影响与其他实验组差别不大，但行为选择方面的数据却与其他实验组不同。其他实验组的数据大幅下降，偏向于选择国内；而该组数据下降幅度较小，甚至不降反升。但是在"您认为外国的生活尤其是西方国家的生活比中国的生活更加便利？"一项中，其数据在所有数据中是最低的，主要由于在视频中郭杰瑞对比了中国和外国的生活，称赞中国的高铁方便快捷，线上支付便捷，而外国不能实现线上支付为消费增加了许多麻烦等，使该组成员对外国生活有了更深层次的了解，因此该题的量表均值低于其他组。

4. "饮食文化影响"类实验组与对照组数据分析

问卷调查数据显示，接受投放该类型视频的实验组成员的年龄集中在 19 岁至 25 岁，身份集中为学生，16.67% 为教师及科研人员。

根据数据整体对比可知，该组成员的文化自信程度比其他组更深。该组数据变化幅度最大，例如第 4 题至第 8 题的数据是所有数据中较高的，而行为选择方面的数值虽然不是最低的，但是与对照组相比均呈现下降的趋势。此现象出现的原因可能与其原有的思想价值观念有关，其思想价值观念的数值最低，受中国文化的影响最深，加上"饮食文化"典型样本视频内容的影响，使受众的认知和选择产生了改变。

5. "出行工具影响"和"国内外疫情"类实验组与对照组数据分析

"出行工具影响"和"国内外疫情"两个类型的典型样本数值相近，实验组成员在观看完"洋网红"的样本视频后对中国文化有强烈的自豪感，当有人说中国文化不好时，会感到非常的不舒服。出行工具的实验组数据在该问卷中相比对照组变化较大，说明样本材料对其影响强烈。这两个样本的数值同样在"您认为中国文化在国际上很有影响力？"一项中都有所降低，偏向于"否"。"国内外疫情"实验组成员在"您认为中国文化的继承和发展的问题过于宏大，与自己无关，无能为力？"的问题数据值是所有数据中最低的，该组成员年龄较小，集中为学生，说明我国的学生的文化自信程度高，具有传承中国优秀文化的社会责任感。

（三）分项数据中的问题与思考

1. 分项数据问题分析

由于当下特殊时期的研究条件有限，调研人群和调研范围具有一定的局限性，问卷只能进行线上投放并且投放的人群主要为学生。虽然调研数据结果与本书研究论点相近，但仍有数据与预期结果不符：其一，在"您认为中国文化优于其他文化吗？"的量表题中，实验组的数据变化幅度普遍较小，体现国人爱国越发理性。文化交流的结果是各国文化取其精华、去其糟粕，增强各国文化的影响力而不是一方文化战胜另一方文化。其二,"您认为中国文化在国际上很有影响力?"的数值,大多实验组数值降低,对该现象表否定态度。中国实力的提升是有目共睹的,但是为何受众态度如此,说明国人还是存在文化不自信。其三,"如果可以,您很愿意出国留学?"的量表题的数据变化各有不同,普遍变化幅度较小,少数数据呈现很愿意出国留学。由于实验受众大多为学生,出国留学是目前的一大趋势,但这并不是文化自卑的表现。在国内接受了高等教育之后出国深造,大多数留学生深造完毕后会回到国内,他们不仅充当了文化交流的载体,也为我国各行业注入了高端人才。

2. 问题解决方法思考

经济全球化的实现、跨文化传播使全球文化共享,各国间的文化交流有助于世界文化繁荣发展。国人在接受外国优良文化的同时应时刻保持文化自信,部分缺乏文化自信的国人对外国政策、外国人的高素质行为和先进的科技赞不绝口时,却对我国目前的发展和优良文化传统视而不见甚至嗤之以鼻。我们应当端正心态,提高文化素质,肯定国家为人民美好生活不懈奋斗的行为,借助舆论和各种渠道理性地对不合理的行为提出意见和建议。我们应保持文化自信,绝不文化自卑也不文化自负,理性爱国,以传播中国优秀文化为己任。

如何讲好中国故事是我国媒体塑造良好的中国国家形象必将思考的一点。自媒体发展迅速,但无论如何,官方媒体依然是我国形象对内、对外传播的主力军。我国官媒对内发布的国家形象宣传片风格单一、视角宏大。笔者认为,官媒应当创新传播方式,针对不同的媒体渠道和人群投放不同传播形式的内容,例如针对年轻人,可以使用互动形式的 H5、制造舆论话题等方式。2019 年《新闻联播》节目的主持人康辉使用"接地气"的话语,在互联网中掀起了轩然大波,不少年轻人表示"更期待新闻联播了"。可见传播方式的创新有效地提升了传播效果。

五、"洋网红"传播现象调查报告研究启示

(一)创新传播视角,提升传播内容的文化内核

新媒体时代信息爆炸,人们能够通过各种方式有意无意地接收各种信息,移动设备和互联网技术逐渐普及。融媒体的诞生增加了传播的在场感,传者与受者之间产生共情,极大程度上提升了传播的质量,为自媒体 UGC 的诞生提供了技术支持。国家综合国力不断提升,跨文化传播的盛行吸引了众多的外国友人在中国开启自己的旅程,他们既是内外交流的"窗口",也是国人通过"他者"视角

重新审视中国文化的有效渠道。央视纪录片《你好，中国》讲述了七个不同国家的外国人与中国的故事，其中有人一直行走在中国的各大自然保护区，立志把神奇的中国展现在全世界面前，他的故事引起了弹幕的共鸣，在外国人的镜头下领略了中国山河的美。主流媒体创新传播视角，打破单一传播渠道，通过他者眼中的中国增强国人的文化认同感，是提升文化自信的有效方式。

（二）发展文化产业，拓宽文化自信理论转化为实践的渠道

中国特色社会主义思想教育贯穿于大中小学，从理论上培养学生的社会主义核心价值观，培养文化自信。实践的传授效果相比纯理论教学更为深刻，发展文化产业，将理论与实践将结合，将教科书的理论运用于实践当中。

对照组的调查数据显示，仍有一部分人认为中国文化的继承和发展的问题过于宏大，自己无能为力。但是根据数据解读得知，当前大多数学生已经把中国的强大和文化自信深深地刻入了他们的思想中，大学生在不久将会成为推动社会发展的主力军，会分散注入各个行业，大力推动文化产业的发展。这既能顺应通过文化软实力提升国家国际竞争力的需要，又能带动经济的发展，为有能力、有思想的大学生提供就业岗位。同时大学生能够担任文化自信理论的实践载体，一举多得，更好地将文化自信的理念在社会中传播。

（三）抢占注意力经济，强化自媒体人的社会责任意识

互联网时代催生出注意力经济，"网红"的个人影响力吸引了众多注意力，在资本的推动下变现，吸引了更多的人经营自己的互联网账号。为了获得更多的粉丝而在中国的互联网平台上故意吹捧中国的"洋网红"必定存在，但还是有许多正能量的"洋网红"对社会起着推动作用。例如"洋网红"郭杰瑞在中国之行中注意到中国云南盛产咖啡，但是由于没有销售渠道和路径，许多人民仍然过着贫穷困苦的生活。于是他用云南的咖啡作为原材料，在淘宝上开咖啡店，许多粉丝为这一举动买单。

话语权的下放，网红的准入门槛降低，网红质量参差不齐，降低了网络环境的质量。"网红"作为公众人物，在网络上的一言一行都会引发热议，还有心智尚未成熟的未成年人会对不良行为进行模仿。所以自媒体人应当承担相应的社会责任，注重传播内容的质量，增加传播内容的文化内涵，以传播中国优秀文化、吸收其他国家的文化为己任，为增强国人文化自信添砖加瓦。

第四章 外国人如何讲好中国故事

本章围绕"外国人如何讲好中国故事"这一主题,从四个方面展开详细论述,即"以历史、现状与传播价值为视角的景德镇'洋景漂'现象研究""外国人讲述中国故事的途径""外国人讲述中国故事需要注意的问题""外国人讲述中国故事的管理策略",旨在为外国人讲中国故事提出策略建议。

第一节 以历史、现状与传播价值为视角的景德镇"洋景漂"现象研究

一、洋景漂的概念

随着国家的发展,越来越多的人选择走出自己的家乡去往不同的城市生活和发展,这些人往往就会被称为"×漂",如"北漂"。作为一座国际闻名的城市,景德镇自然也诞生了名为"景漂"的外地人。自21世纪初以来,在"北漂"一词的影响下,"景漂"开始被用来指代在景德镇生活和工作(尤指学习研修、制作体验、经营销售陶瓷)的外地人。在文化研究界看来,"景漂"是一群极具研究价值的对象,因为无论是探讨"景漂"的诞生原因,还是研究"景漂"人群作品的艺术风格都取得了较为突出的成绩。

在景德镇,数量众多的"景漂"人群之中有一部分特殊群体,那就是"洋景漂"。"洋景漂"即来自不同的国家,对景德镇情有独钟,为陶瓷艺术和技术在景德镇留学、创业、生活的人群。据新华社报道,现在在景德镇有5000多名"洋景漂"。目前对于"洋景漂"现象成体系的研究较少,最早可查的相关科研项目为2016年景德镇市社科联合会重点项目"中外陶瓷文化交流视域下的'洋景漂'研究"。笔者认为,从人文社科领域解读"洋景漂"现象的研究价值,其在地域分布上的相对集中、身份职业结构上的类似,使其成为研究国际文化传播与交流的优质对象。

二、"洋景漂"的研究现状

（一）国内外研究

"洋景漂"的价值目前已经被国内外的学者注意到了。外籍"景漂"一词最早源于美国佛罗里达中央大学艺术与人文学院哲学系助理教授邝蓝岚在江西景德镇进行的田野调研中，是其对研究对象土耳其籍艺术家 Ekrem Yazici 的一种人群称呼界定。他认为外籍"景漂"的文化自觉及他们作为行动者对景德镇陶瓷人文艺术景观建构的主动参与，由"他者"到"行动者"身份的转变、认同与重塑，是现当代中国人文艺术景观建构过程中不应被忽略的重要因素[①]。随后，景德镇陶瓷大学侯铁军老师在其主持的景德镇社会规划课题重点项目"中外陶瓷文化交流视域下的'洋景漂'研究"中首次使用了"洋景漂"一词，课题借助"他者"眼中的景德镇形象，审视了景德镇在当代经济全球化背景下的优势与不足，为打造一个与世界对话的城市奠定基础。

目前，在可查阅的学术期刊中，专门研究"洋景漂"现象的学者非常少，但该现象已被不少媒体报道，并产生了一定的社会效应。比较有代表性的报道有新华社《瞭望》新闻周刊的《从景德镇新思维看文化自信》一文，文章选择了不少典型性"洋景漂"案例进行报道[②]；此外，央广网"丝路故事"版块的《海外陶艺家们与景德镇的不解之缘》、搜狐财经《一个外国景漂眼中的瓷都》，均对"洋景漂"中较有代表性的个案进行了报道。

（二）本书对"洋景漂"的调研

1. 调研方法

本书按照由浅入深、由表及里的逻辑递进顺序，层层深入，进行了调研与分析，力图回答以下几方面的问题。

①景德镇存在的"洋景漂"现象的历史是怎么样的？都有哪些国家的人在古代的时候到过景德镇成为"洋景漂"以及成为"洋景漂"的原因是什么？

[①] 邝蓝岚. 奥斯曼（Otto）与鲁米（Rumi）：外籍"景漂"与景德镇陶瓷人文景观建构的互动关系[J]. 民俗研究，2016（6）：147-156.

[②] 新华社. 从景德镇新思维看文化自信[EB/OL].（2018-01-20）https://www.sohu.com/a/217870756_267106.

②景德镇存在的"洋景漂"现象的现状是怎样的？现在的"洋景漂"群体选择留在景德镇的主要原因是什么？

③通过收集资料、进行实地调研，以及通过相关研究分析洋景漂现象的价值及意义。

本节采取的调研方法主要有文献研究法、对比分析法、问卷调查法。

第一，文献研究法。通过文献研究法对有关"洋景漂"人群的历史文献、新闻报道、部分论文资料及口述史（口述史：以搜集和使用口头史料来研究历史的一种方法，在口述史研究中凡根据个人亲闻亲历而口传或笔记的材料，均可称为口述史料）进行分析整理，了解"洋景漂"人群的历史起源及生存现状等。这些文献将构成本书研究中理论层次和操作层次的研究基础及资料来源，通过调研报告的撰写，梳理出有关景德镇"洋景漂"的研究现状及相关的研究资料。

本节主要通过网络渠道及翻阅实体史料收集与"洋景漂"相关的信息。通过对这部分信息的分析和整理，来研究当代的"洋景漂"人群和古代的"洋景漂"人群。时代、文化、社会阶段的不同，导致不同时代的"洋景漂"人群会具备各自时代的特色。同时由于"洋景漂"人群的产生本来就是一场特殊的不同文化之间的交流和融合的现象，因此在进行文献整理和分析时，也会着重在这个方面进行调查和研究。

第二，对比分析法。对比分析法通常是把两个相互联系的指标数据进行比较，从数量上展示和说明研究对象规模的大小、水平的高低、发展速度的快慢，以及各种关系是否协调。本节主要是将"洋景漂"人群的历史以及现状进行对比分析，了解随着时间和社会的发展，"洋景漂"人群诞生的原因有什么区别。

第三，问卷调查法。问卷是指为统计和调查所用的、以设问的方式表述问题的表格。问卷法就是研究者用这种控制式的测量对所研究的问题进行度量，从而收集到可靠的资料的一种方法。本节主要通过问卷调查法调查受访对象接受"洋景漂"相关信息后，与未接受相关信息的调查对象的态度差异，以此探讨用外国面孔影响中国文化的可能性。

2. 调研对象分析

（1）"洋景漂"人群的职业构成以及地域分布

调研对象为"洋景漂"人群。这5000多名"洋景漂"在景德镇的地域分布为：大部分艺术家选择在城中村三宝村研究陶瓷艺术，少部分则是在陶溪川经营自己的工作室，其他的留学生群体则多数在景德镇陶瓷大学就学，剩下的人群则是在陶溪川以及雕塑瓷厂从事陶瓷相关工作（图4-1-1）。

图 4-1-1 "洋景漂"在景德镇的地域分布

"洋景漂"人群在职业分布上,根据不完全统计,约 50% 是各国知名或者不知名的陶瓷艺术家,在景德镇或是经营着自己的工作室,或是加盟了别人的工作室,专心研究陶瓷艺术;约 10% 是各国留学生,在景德镇陶瓷大学学习与陶瓷相关的各种知识;约 40% 是一些陶瓷行业从业者,他们或是在中国出售带有自己国家风格的产品,或是在自己国家出售中国生产的陶瓷产品,或是从事与陶瓷相关产业链中的工作(图 4-1-2)。

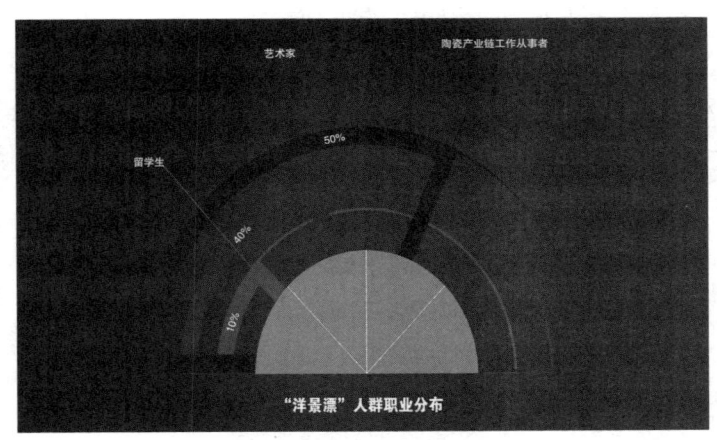

图 4-1-2 "洋景漂"人群职业分布

(2)"洋景漂"人群的国籍分布

"洋景漂"不同于中国其他地方的外国人群体,他们是特殊的。从国籍上看这群人不是来自同一个国家或者同一个大洲,"洋景漂"人群是来自世界各地的。

其中来自欧洲的人最多，大约占比50%，这部分人又大多来自俄罗斯和法国。然后约有25%来自澳大利亚，10%来自日本，10%来自美国，5%来自韩国、印度等亚洲其他国家。从心理上看这群来自世界各地的人，都因为真正喜欢中国文化、喜欢陶瓷文化而停留在景德镇。大部分"洋景漂"在本国有着较高的社会地位，其经济实力和社会影响力有别于其他城市的外国人，如英国皇家艺术学院博士生导师弗莉斯蒂。

（3）"洋景漂"的社会影响概述

选取"洋景漂"人群作为研究对象，主要是因为"洋景漂"人群在景德镇的人群基数并不小。这群人待在景德镇的原因只有一个——研究陶瓷艺术。国外很多人都知道这部分人的存在，但国人对"洋景漂"现象却知之甚少。在这种情况下，一个特殊的现象产生了——"墙里开花墙外香"，即景德镇的很多活动在中国本土知名度并不高，但是每到活动开展时都会有相当一部分外国游客来到景德镇参加活动。同时，也有很多国外艺术团体会专门到景德镇开展艺术交流活动、音乐会等。

（4）样本选取方式

本调查把在景德镇地区存在的"洋景漂"人群进行密度划分及适当的区域化处理，区别出艺术家、留学生、商人等群体。在之后的研究中，通过对不同职业的"洋景漂"人群进行取样，做不同的研究和分析。将不同职业的"洋景漂"人群存在的共性进行分析与归纳，得出可靠的数据。

"洋景漂"人群可溯源至古代中国，所以，在选取样本的时候相关史料也必须作为调查对象。调研选取了元、明、清三个朝代各自存在的"洋景漂"群体进行了研究。通过研究这些史料素材汇集和整理相关资料，形成可靠的研究报告。

3. 研究意义

根据社会传播的"他者理论"，在面对一群有别于身为中华民族的"我"这个概念的"他者"时，身为"他者"的群体所表述的言语、付出的行动、表露的情感传达的信息是具有积极意义的。我们借用"洋景漂"这种"他者"来对国人"我"这个群体传递信息，要比由"我"向"我"传递信息更易让人接受。因此，借由这种发生在景德镇的"洋景漂"现象向中国人民宣扬文化自信，即借用洋面孔讲述中国故事的方式展示中华文化的魅力无疑是可行的。

目前，几乎所有的对内、对外宣传片或新闻，都是以中国人的面孔进行展示的，中国的文化传播也一直是以"以我为主"的模式进行的。特别是江西省的对内宣传片与新闻，都是以"江西人说江西"的口吻进行的，没有弄清楚国人想看什么。江西景德镇的"洋景漂"资源是其他内陆省份所没有的,用外国人的面孔来展示中国形象好处颇多。同时外国面孔天然有身份认同的属性加成,由他们来"代言江西"会比由江西人自己表达江西容易被接受。这一点对于弘扬文化自信同样是成立的。"洋景漂"来到景德镇的原因是陶瓷文化,那么在用"洋景漂"做宣传时自然无法避免会与陶瓷文化挂钩,这就顺理成章地宣扬了陶瓷文化,弘扬了文化自信。

坚持文化自信和文化对外输出是近几年来国家文化工作的重点,如何在中国悠久的历史中找到足以当作模范和典型的文化来带动普通民众,逐步加强民众对于中国文化的认同和自信心,是增强文化自信及更好地进行文化输出的难点。景德镇陶瓷文化作为中国的一种象征,从古至今一直都是享誉国内外的一种文化符号,陶瓷文化无疑是一种带给普通民众认同及自豪的文化。同时景德镇陶瓷文化在西方历史中存在一定的特殊性,使得景德镇这座小城市吸引了一批"洋景漂"。本研究通过调查景德镇"洋景漂"现象对文化自信与民族复兴的传播价值,探索国人文化自信建构路径。

4. 理论基础

(1)"他者"理论

"他者"是西方后殖民理论中常见的一个术语,在后殖民理论中,西方人往往被称为主体性的"自我",殖民地的人民则被称为"殖民地的他者",或直接称为"他者"。简单来说,"他者"(the other)和"自我"(self)是一对相对立的概念,选择的"他者"是"自我"的一个既有区别又有联系的参照,利用这种参照关系,可以在一定程度上使得"自我"群体更好地确定和认识自我。

选取与国人相异的"洋景漂"群体,对其日常生活状况、历史存在背景,以及其存在的积极意义进行研究,即景德镇的中国本土人民为"自我","洋景漂"人群为"他者"。从"他者"角度出发,通过不同于国人的视角研究传播弘扬中国传统文化、树立文化自信所产生的实际效果,即"洋面孔""洋视角"下的文化传播方式能否区别于中国本土人们的视角和习惯去讲述中国故事所产生的实际效果。就效果而言,比较是"洋面孔"更易让人们接受还是中国本土人民讲的故事更有说服力。这就是基于"自我"与"他者"在文化传播领域的信息易受度、信息接受程度的区别与对比。基于一定的历史原因和文化基础,本节主要研究对象为景德镇的"洋面孔"。也是因为在当今社会,还有很多中国人对于外国人是存在一定的特殊感情的,这就使得研究对象之间产生了天然的、潜在意识上的高低之分,这也使得"他者"现象表现得更加明显。

（2）选择性注意理论

传播学的选择性理论是说受众在接收外界信息时，对外界诸多信息仅仅注意到某些信息或信息的某些方面，而忽略了其他信息。进行信息对外传递时想要信息具有吸引力，就需要注意几点：首先，是信息的易得性，即所传播的信息必须能使受众以容易的手段获得；其次，是对比性，即与环境中的其他信息形成强烈的对比常常可以吸引受众；同时，也必须要注意的是，对于信息的受者而言，具有吸引力的信息必须是能够满足受者日常生活需要的信息；最后，具备一定的娱乐性，能够让受者作为日常社交的话题使用，或者是满足受者一定的心理需要。

本节主要对"洋景漂"现象的传播价值进行分析。由于国人对于国外信息获取的匮乏，国人普遍对外国人特别是在中国生活的外国人这个群体有着天然的好奇心。在这个时候，外国人群体作为信息传播的载体，所传达的信息必然能够满足受者对外国人这个群体的信息需要及自身的娱乐需求。同时，利用"洋景漂"现象表达的信息也宣扬了景德镇的陶瓷文化，就这个方面而言，是满足了受者的心理需要的。

三、"洋景漂"的发展历史与现状调研

笔者第一次接触"洋景漂"群体是在 2017 年景德镇陶溪川"春秋大集"上，当时作为游客对该现象感到新奇，同时对陶瓷文化艺术产生了自豪感。2018—2019 年立项了两项相关课题，但在对"洋景漂"现象进行调研时因受疫情影响，有部分"洋景漂"暂时不在中国，笔者在进行相关调研之时，迫于无奈只能选择采用口述史的方式寻找不同的资料进行分析与研究，实地考察多以第三者询问的方式进行，故而调研内容多为网络文献及部分报道与论文。

（一）"洋景漂"艺术传播史及其与陶瓷艺术之间的交流与影响

1. 元朝时期的"洋景漂"

景德镇自宋真宗景德元年被赐名景德镇起，便一直以瓷器闻名天下。到 13 世纪，由于蒙古人先后四次西征打通了亚洲与欧洲，使得长期没有交流沟通的东西方世界打破了以往相互隔绝的情况。交通贸易的变化将伊斯兰文化与中国文化联结在了一起，使得"近东与中国之间的贸易、交通与文化交流，能以空前未有的规模开展起来"①。

---

① 克林凯特. 丝绸古道上的文化 [M]. 赵崇民, 译. 乌鲁木齐：新疆美术摄影出版社, 1994.

一方面，蒙古人的西征使得最初一批中西亚穆斯林迁居中国，随之中亚伊斯兰民族的文化习俗、手工艺品、审美情趣和生活方式等也相应传入中国。文化交流的痕迹也表现在陶瓷方面并流传至今，伊斯兰艺术对中国陶瓷在装饰、原料和工艺方面都产生了较大的影响。以各种缠枝莲纹、莲花瓣纹及回纹等为代表的波斯风格元素，是元代青花瓷上的主要装饰，而用来制作青花瓷的"苏泥勃青"也正是源于中亚的波斯，对此陶瓷艺术史早已有诸多论述。

另一方面，蒙古人试图从被征服地区招募最好的军事和技术人才，致使当地的工匠来到中原。来自西亚的手工艺人不仅影响了中国在军事、纺织和工程建设方面的工艺水平，还作为第一批"海流景漂"（"海流景漂"：通过海上丝绸之路来到中国，并最终在景德镇长期定居的外国人）来到景德镇，参与当地的青花瓷生产。黄庆华指出，根据他们对元代景德镇遗址出土的一个大碗的研究发现，青花瓷和装饰釉的原料都来自波斯，而其中用波斯文字书写的书法，应该是由波斯人通过手工嫁接和示范技术传授到景德镇的，而不是由中国陶工按照波斯文字抄写的。牛津大学伊斯兰陶艺专家沃·沃森对此表示赞同："这是元代中国与伊斯兰世界直接技术交流的物质基础。"

虽然最早的"海流景漂"记载已晦涩不清，没有留下自己的痕迹，但他们用钴质材料生产出来的大青花瓷能适应波斯人的生活习惯，并使得景德镇的工匠通过借鉴波斯人或波斯文字中符合中国审美风格的花纹装饰（图4-1-3），促进了青花瓷艺术的多元化，也为中国与西亚之间的文化交流做出了贡献。

图4-1-3　波斯风格元青花

这个时期的"洋景漂"人群更多的是作为类似文化交流使者的身份来到景德镇，在这里，他们与景德镇的工匠们交流技术与文化，是文化与工艺的促进者。

2. 明朝时期的"洋景漂"

宋末及元代动乱较多，致使各大名窑纷纷败落，元朝对手工业者实行较为宽松的政策，为增加财政收入鼓励海外贸易。宋元两代，景德镇地理位置较为偏僻、远离战乱，吸引了中国当时的制瓷手工业者汇聚于此，成为当时中国瓷业的独秀，直到明代逐渐成为全国的制瓷中心。明王朝对景德镇这个全国制瓷中心非常重视，在景德镇设立御器厂。明代景德镇创造了许多新的陶瓷品种，这些陶瓷品类以青花为主，其他各类产品如釉下彩、釉上彩、斗彩、单色釉等也都十分出色，形成独特的艺术风格。这个时期，主要的"景漂"人群是距离中国比较近的日本人。

中日自古以来经济、文化交流频繁，大规模的交流始于隋唐时期，日本学者、僧人被派遣到中国学习文化、科技和艺术，至今日本都保持着较好的唐宋文化元素。隋唐时期在陶瓷艺术上以浙江越窑为代表的青瓷声誉卓著，而"如银似雪"的邢窑白瓷亦负盛名，唐三彩陶器形象生动、神完气足，完美地体现了大唐的时代风貌。中国陶瓷艺术从唐代起就成为日本学习的内容之一。据相关研究，日本人"吉备真备回日本时曾从中国带回一些制造陶瓷的工匠，对奈良三彩起到了重要作用，唐三彩的生产技术随之传到日本"。而到了南宋时期，被尊为日本陶瓷始祖的加藤四郎在越州窑学习制作青瓷。五年后他学成回国，在日本开创了濑户窑仿制龙泉窑青瓷。这一时期，另一位日本人左卫门景则在福建学习，把建窑的黑釉瓷器带回日本。虽然唐宋时期的日本人并未在景德镇学习陶瓷技术，但也为明朝"洋景漂"的产生铺开了道路。

明朝时期的"洋景漂"目前有文献查证的是日本陶艺家五良太浦，他和无数日本先辈一样走上了向中国学习先进技术之路。五良太浦于明朝正德年间随日本僧人了庵桂悟来到中国，在中国几经辗转来到景德镇学习制瓷技术，开始了他的"景漂"生活，并取中文名"吴祥瑞"。在景德镇"漂"了五年后，他于正德八年（1513年）归国，"在肥前的有田附近开窑，烧造青花瓷器，又在奈良附近的鹿脊山烧造瓷器，获得很大的成就"。[①]

以五良太浦为代表烧制的青花瓷器十分精美，颇有唐风，它开创了日本青花瓷器制作的先河，为日本民族制瓷事业的发展做出了重大的贡献（图4-1-4、图4-1-5）。

---

① 立信. 记日本"五良太浦吴祥瑞造"青花人物瓷香薰[J]. 文物，1964（10）：37.

图 4-1-4　五良太浦制青花瓷（a）

图 4-1-5　五良太浦制青花瓷（b）

明朝时期，景德镇的制瓷工艺和艺术已经是以前几个时代中国陶瓷工艺的集大成者，景德镇的工匠站在了烧制陶瓷这门艺术的巅峰，开启了景德镇陶瓷走向世界的辉煌之路。这个阶段的"洋景漂"人群则是文化与技术的学习者、传播者。

3. 清朝时期的"洋景漂"

欧洲航海大发现之后，中西方航路的开设使得中国瓷器开始大量进入欧洲社会，并成为欧洲贵族争相抢购的奢侈品，使得陶瓷成为当时海上丝绸之路对外贸易的主要产品。然而，中国瓷器制造方法在当时属于高度机密信息。17世纪法国传教士贝尔就被告知，在中国南方的瓷厂，"中国人更为谨慎，小心翼翼地隐藏制瓷艺术，以免被外国人知晓"。欧洲人一直想获取中国瓷器的制作秘密，虽然前往中国的欧洲传教士、冒险家等来到中国后也四处打探瓷器生产的秘密，也在自己的记述中论及了中国瓷器，但苦于无法踏足景德镇了解制瓷的秘诀，也只能"望瓷兴叹"。曾经在江西南昌传教的著名传教士利玛窦曾感叹自己没有亲身造访景德镇，因而只能遗憾地宣告自己对瓷器知之有限。法国传教士李明更是直言，"天意和宗教的恩赐让我走遍中国大部分国土，却不能把我带往出产制造瓷器的江西，因而我自己了解的情况不足以描述瓷土的性质及其特殊的性能"[①]。利玛窦和李明的遗憾，被同为耶稣会传教士的法国人殷弘绪弥补了。

1709年，法国人殷弘绪通过当时管理景德镇御窑厂的江西巡抚郎廷极的私人关系，得到了在景德镇传教的许可。在此后的七年时间里，他四处打探中国陶瓷技术，参考历史文献，最终较准确地获得中国人制作瓷器的方法。于是，他在1712年和1722年向欧洲寄出的两封长信中，全方位地介绍了瓷器制作的整个过程，着重描述了制作陶瓷的各个环节及相应的工序。殷弘绪的书信由拉丁文写成，

---

① 徐胤娜. 元明清时期的"洋景漂"研究[J]. 北方文学, 2017（33）：247-248.

随即便被杜赫德翻译成法文出版，后来又被翻译成英文等文字。就这样，来自中国制瓷核心地区的一手制瓷信息便在欧洲大陆上传播开来，欧洲人至此终于打探到了中国瓷器生产的秘密。有学者将殷弘绪斥为"工业间谍"，认为他的书信帮助欧洲人获取了制瓷的方法。其实不然，在殷弘绪寄出第一封长信的前三年，即1709年，德国人波特格尔就已宣告制作出了欧洲第一件硬质瓷，而且他们使用的并不是景德镇所惯用的瓷石加高岭土的二元配方，而是采用白色土壤、蜡石头和硫酸钙的混合物，可见欧洲人制瓷技术的突破与殷弘绪的关系不大。①

尽管如此，殷弘绪的书信让欧洲人了解了中国制瓷的真正方法。这为他们，比如为法国的瑟夫勒瓷厂模仿中国瓷器提供了信息。殷弘绪还将高岭土的样品寄回欧洲，欧洲人便借此对高岭土进行化学成分分析，了解中国瓷器原料的化学构成。中国高岭土的到来也为法国人在利莫日，即殷弘绪的故乡找到本土高岭土提供了极好的参照，这为改进欧洲硬质瓷原料的配方做出了显著的贡献。此外，殷弘绪的书信还避免了麦森和维也纳的垄断，也为法国的软质瓷和英国的骨瓷的发明奠定了基础。

这个时期的"洋景漂"人群主要是各国传教士，他们利用身份之便来到景德镇窃取了完善的制瓷工艺，是欧洲国家陶瓷文化的开创者。

4. 古代"洋景漂"人群与中西方陶瓷艺术文化交流

元明时代的中国在当时世界上属于强大的国家，所以很多时候都是外国人群体在中国学习相关技术和艺术后再回到自己国家发扬光大，或是小部分外国手工艺者单方面将自己本土技艺文化带入中国。所以很多这个时期的"洋景漂"群体给中国陶瓷艺术带来的影响，除了更多色彩的釉料以及小部分的伊斯兰教艺术风格的影响外，很多都已经不可考证。而真正给中国陶瓷艺术带来极大艺术风格改变的，则是清朝时期欧洲人带来的中西方艺术与文化的互相碰撞。

17—18世纪，中欧陶瓷贸易是当时中国对外出口的一个重要组成部分。而在中欧陶瓷贸易中，五彩瓷又是其中最重要的组成部分之一。就陶瓷技艺本身而言，五彩瓷其实就是在瓷坯上运用色料绘制装饰图样再进行二次烧制的釉上彩瓷，其民族风格浓厚，装饰性强，秉承传统装饰手法，具有东方审美的装饰风格。特别是到了清康熙时期，由于技术的再次突破，釉上蓝彩的出现使五彩瓷真正做到了红、绿、黄、蓝、赭五色兼具，其装饰手法、绘画题材、制作技艺最为突出，艺术成就最高。在当时的欧洲市场上，景德镇窑五彩瓷是炙手可热的奢侈品，釉色

---

① 徐胤娜.元明清时期的"洋景漂"研究[J].北方文学.2017（33）：247-248.

中釉上蓝彩的艳丽程度远胜于青花,再加上陶瓷器皿上金彩、黑彩、洒蓝地、洒黄地的使用,使对外贸易中的五彩瓷更艳丽透亮、细致精美,是欧洲市场上极其重要的艺术品之一。

产生这种现象的原因是多样的。一方面,不可忽视的是景德镇窑五彩瓷本身形质优美、技艺高超;另一方面,需要注意的是景德镇人从 16 世纪就开始有针对性地烧制适应欧洲人生活方式和审美喜好的瓷器。长期以来的模仿和创作自然使得景德镇对外出口的五彩瓷是能够满足欧洲人审美和艺术追求的。但就实际情况而言,这一批批景德镇土生土长的陶瓷工匠是从哪里学到西方美术方面的技法以及相应文化元素的呢?就当时清朝的实际情况而言,能给景德镇陶瓷工匠带来西方美学元素以及绘画技巧的,无疑就只有当时行走在清朝各地的法国传教士了。虽然就史料记载,这一批人前往或者意图前往景德镇的重要目的是学习景德镇制瓷工艺,但对当时景德镇的外销瓷器进行研究之后可以发现,他们在瓷器上面尝试和绘制了很多西方式的景物、人物、植物等,特别是在表现技法上还会应用点与线来表现空间的明暗关系,这些是中国本土绘画艺术所不具备的技巧。因此可以推断,当时在景法国传教士,即"洋景漂"群体为景德镇工匠带来了西方式绘画元素及绘画技巧,帮助景德镇的工匠在陶瓷上创作西式风格的图案,打开了中国陶瓷创作的新局面。

对于当时的欧洲人而言,购买景德镇五彩瓷不仅仅是一种时尚,就实际作用来讲,更多的人是为了对基于传统的景德镇窑五彩瓷的动物、植物、风景、人物图案进行研究和艺术分析,解读中国的社会和文化背景信息,分析景德镇的制瓷工艺。这是他们购买景德镇窑五彩瓷的一大因素。同时在经过学习、模仿景德镇五彩之后,欧洲展开陶瓷复刻和创新,使当地制造的五彩瓷在欧洲的 18 世纪中后期产生极大的进步。这一点对于当时欧洲瓷器的发展是极其有帮助的。欧洲制瓷起步较晚,在 17 世纪才开始研究属于欧洲自己的陶瓷技术,所以当时已经站在世界顶端的中国陶瓷对欧洲陶瓷发展史产生了很大的影响。

首先,虽然 17 世纪欧洲研究出了属于自己的制瓷技术,但也仅仅是掌握了低温烧制彩陶的技艺,这相较于中国陶瓷而言落后了许多。于是为了研究出更进一步的硬质瓷,在景德镇的法国传教士开始在景德镇偷学制瓷的各个环节及工艺,并写成书信传回欧洲。之后欧洲人通过反复实验并结合书信内容才成功研制出属于自己的硬质瓷。

虽然对于当时的景德镇工匠而言,在景德镇的法国传教士无疑是一群技术窃贼,他们偷走了景德镇先进的制瓷技艺,打开了欧洲陶瓷制作的大门,但就现在的世界陶瓷文化而言，这群"洋景漂"无疑是世界陶瓷艺术多样性的开创者。也正因为古代欧洲长期对景德镇陶瓷的崇尚，到了现代才会有一大批欧洲艺术家来到景德镇学习、交流陶瓷艺术，成为当代"洋景漂"的开创者。

（二）当代"洋景漂"现状调研

自中国陶瓷技术流出后，随着现代科学技术和经济的发展，大部分国家都掌握了陶瓷制作技术。与这些后来者相比，当代景德镇在诸如陶瓷生产资源方面已经没有优势。然而，每年仍有许多外国人选择去景德镇旅游，陶艺家选择在景德镇交流、创作，其中一定有共性值得研究。在通过对资料的收集和整理之后，笔者决定以口述史的形式对资料展开描述，讨论外国人群体主动在景德镇定居的原因。

1. 历史与艺术底蕴深厚

对"洋景漂"人群而言，景德镇最吸引他们的是景德镇本身的辉煌历史。景德镇是一个持续出口陶瓷艺术品的城市，有着1000多年的历史。在这漫长的历史长河中，景德镇创造了许多富有民族特色和历史印记的艺术作品。威廉姆斯和德里克·汤普森都是来自澳大利亚最古老的陶瓷艺术工作室的澳大利亚土著艺术家，对他们来说，在这里他们可以继续使用神秘的文化素材，充分吸收这里的地方艺术养分，使用青花这一媒介展示自己的故事。

同样，美籍华人陶工德里克·奥也直言不讳地说："当地人仍在用古老的工艺制作瓷器，用的是周围山上陶工的坟墓，用的是他们脚下的瓦片。"毫不夸张地说，你看到的就是历史。作为一个在景德镇雕塑瓷厂拥有自己工作室的外国艺术家，景德镇的历史和艺术背景对德里克·奥来说是清晰可见的，不仅记录在书本上，也记录在有形和无形的陶瓷遗产中。这是景德镇留下的悠久历史。同样，陶瓷学者乔希·格林看到了"陶瓷生产和商业延续至今的证据"。在一个又一个街区，都有卖罐头、工具、材料等的作坊。在景德镇的大街小巷里，有各种各样以陶瓷为原料的行业。"陶瓷在景德镇无处不在"，以至于它"仍然是世界陶瓷生产的领导者"。

2003年3月和2004年4月，中国工艺美术协会、中国轻工业联合会、中国陶瓷工业协会将"中国瓷都"的荣誉称号颁给福建德化和广东潮州，对中国陶瓷行业造成了很大的影响，尤其对景德镇在国内陶瓷产业上的地位造成了极大的冲击。虽然景德镇在陶瓷方面历史悠久，比如景德镇窑的诞生和成为皇家御用窑的时间为元、明时期，但是当时的景德镇对当代陶瓷技艺与文化的影响并没有人们想象中那么大，行业和学术界对当时景德镇的困境与复兴、城市定位和未来发展是存在一定担忧的。但对"洋景漂"人群而言,这一切都不是问题,因为在景德镇,他们看到了除了历史之外现代景德镇具备的独特魅力。

面对景德镇这样一座城市,"洋景漂"群体是包容的,他们看到了景德镇过去的辉煌,也看到了景德镇隐藏的力量。

2. 完整的陶瓷生产线

景德镇作为一个陶瓷城,其自身的生产线非常有趣。荷兰陶工彼得·范·凯斯特估计,"景德镇60%~80%的人口以制陶为生"。而海蒂·麦肯齐估计,在170万人口中,"有100万人在制陶行业工作"。虽然方法不同,数字也不准确,但在这个地区,陶工们每天都拉出大花瓶、生产大瓷砖,运输各种各样的产品。至于景德镇瓷器行业的"闪电速度",荷兰阿姆斯特丹设计学院的学生克雷默和韦柯恩表示,一天之内可以制作模具、灌浆、烧制和装饰。熟悉所有的工艺对学生来说是非常鼓舞人心的,可以为他们指明一个新的方向,释放他们伟大的创造力。这种活力是如此之大,以至于澳大利亚陶艺家罗宾·费兰在景德镇"被陶瓷行业的深度和广度所震撼",他形容景德镇为"陶瓷活动的有形容器"。

"洋景漂"群体清楚,这种完整的生产线是景德镇世世代代进行陶瓷生产遗留下来的遗产,他们知道在景德镇,城市的每个角落都有前人生产陶瓷的瓷窑,这是这条陶瓷生产线的基础。但是对于这座城市而言,利用这些遗产进一步发展也是它一直以来前进的方向。

3. 城市环境与形象的快速转变

能够吸引众多"洋景漂"投身景德镇的,不只是它的文化遗产和光鲜名号,更为重要的是这座城市本身所独有的开放与包容的精神气质和分工协作的完备产业基础。这些特质是景德镇在当代仍魅力四射的关键之所在,是景德镇成为世界陶艺人心中"圣土"的终极秘密。正因如此,已经在英国"挣扎"十余年却仍感觉"没有什么进展"的日本陶艺家安田猛于2003年受邀在景德镇乐天陶舍建立自己的工作室时,他"迫不及待地抓住了这个机会"。他觉得这绝不只是一个工作机会,因为他想在这"瓷器的源头"、陶业的"圣土"上体验瓷器的魅力。

可以说,在中国社会环境和国家政策的影响下,景德镇自身的生活环境和产业格局开始发生变化。对凯文·格里利而言,他对这种变化有着强烈的感觉。当他在2002年来到这里的时候,他认为景德镇是"一个被柴窑烟尘污染的城市",但仅仅两年后,"一个新的景德镇出现了,就像一只凤凰从一座古城的灰烬中冉冉升起"。数以百计的老房子被设计精美的现代住宅和企业所取代,坑坑洼洼的道路变成了平坦的柏油路。"八米高的瓷灯柱描绘了明清时期的图案,照亮了街道,市中心广场上生动的青铜雕塑向过去的陶瓷行业工匠致敬。"简而言之,"现代的景德镇不需要放弃它的遗产,正朝着正确的方向前进"。

对于当代的"洋景漂"群体而言,景德镇这座城市的吸引力自然是显而易见的。从城市本身来说,景德镇发展日新月异,同时也在进行陶瓷文化与城市形象的结合。从"洋景漂"群体对文化的溯源来说,无数的古代遗址、陶瓷古董的遗留都完全满足他们文化朝圣的追求;从实际陶瓷创作来看,利用廉价的劳动力、低廉的场地购买或者租赁价格都是极其满足他们的实际需求的,更何况这里还有异于自己本国的陶瓷文化和风格可以借鉴和研究,以满足他们对于艺术的研究。在这个阶段,其实更多的"洋景漂"人群已经转变成了文化交流者,他们不再因为景德镇的陶瓷技艺而定居在景德镇,他们开始因为这座城市的文化以及艺术底蕴在这里进行不同的学术探讨和艺术交流。

四、"洋景漂"现象的传播价值

(一)景德镇"洋景漂"现象的跨文化传播价值

"洋景漂"现象作为一种特殊的地域性文化交流现象,其本身是极具研究价值的,且此现象的研究价值是多方面的。从历史角度而言,江西景德镇陶瓷从古至今与国际有交流的部分不仅限于陶瓷商品或艺术品,跨国人际传播是构建江西国际形象的另一渠道。

艺术研究方面,在这种东西方多元化、多文化、多民族的艺术交流中产生了多种碰撞。如陶瓷文化在我国传承上千年,在其本身的技艺及中国文化价值赋予方面,我们自身很难再产生新突破。但国外的陶瓷文化可能正处于快速发展阶段,这个阶段里他们拥有大量敢于创新的人才及创造性思维。当技术与创造思维碰撞,就会产生很多有别于以往的新兴陶瓷艺术表现形式,这已经不仅仅是陶瓷花纹与器型的创新了,它已经开始超脱于传统思维里陶瓷的实际使用性了,变成了一种类似于雕塑的艺术表现形式。

同样,在社科研究方面,它也是极具价值的。正如前文所言,关于"洋景漂"现象,我们研究的着手点是"他者"理论。这也就意味着我们在研究区别于我们自身的另外一个人群,即非我的部分,而这个部分是目前国内研究文化自信的一个大方向,也是国内很多媒体在选择传播内容时会考虑到的部分。这部分对于当今的中国而言也是极其重要的。就比如过去中国突然冒出很多崇拜外国生活文化的人，那么当我们进行宣传时，宣传内容正是他们羡慕和崇拜的对象在展示他们对于中国的喜爱、对于中国文化的喜爱，那么在传播效率上一定会高于正常的传播方式。

（二）"洋景漂"现象的传播对城市品牌构建的价值

1. "洋景漂"与景德镇国内城市品牌构建的联系

为了调查人们对景德镇的固有印象，以及"洋景漂"现象能否有助于扭转人们对于景德镇的固有印象，帮助构建景德镇城市品牌，笔者专门针对国内受众进行了相应的问卷调查。

在进行调查之前，笔者对于此次问卷进行了一个对照分组：一组是先观看与"洋景漂"相关的报道，然后回答问卷；另一组则是直接回答问卷。这两组对照组的设立就是想研究"洋景漂"这一现象是否能够影响人们对于景德镇及陶瓷文化的印象。同时在设计问卷时，笔者也设计了一些人们对于中国陶瓷文化及景德镇的印象的题项。对照组里面不变量，两组回答的问卷是同一份。因此在后续的数据分析中，笔者主要是对这两组问卷的数据进行分析比较。

在调查之中，两组问卷各回收了 200 份。在年龄分布上，由于这 400 份问卷采用随机采样的方式选择目标回答问卷，故而回答问卷的群体各年龄段都有，但以 19~35 岁之间的人群为主。

在这两个对照组中，假设实验组的人为 A 组，反之则为 B 组。那么在对各个题项进行分析后，可以得出以下结果：在"中国陶瓷技术是否优于其他国家"这一问题中，A 组 38% 的人是没有这种感觉的，但在 B 组中持这种观点的人就只占 5.4%；在"是否对我国陶瓷在世界上的地位感到自豪"这一问题中，A 组 46% 的人是不觉得自豪的，而 B 组持相同观点的则只有 6.75%；回答"他人对陶瓷文化时有不好评价的反馈"这一问题时，A 组 30% 的人是"不感冒"的，B 组只有 8.56% 的人"不感冒"；"对于当代景德镇的陶瓷技术高于其他国家和城市"这一问题，A 组 37% 的人是持否定态度的，B 组却只有 2.25% 的人持这种态度；"对于景德镇是陶瓷艺术之都"这一问题，A 组 40% 的人持否定态度，B 组持否定态度的人只有 0.9%（图 4-1-6）。

多维度视域下中国故事表达与传播研究

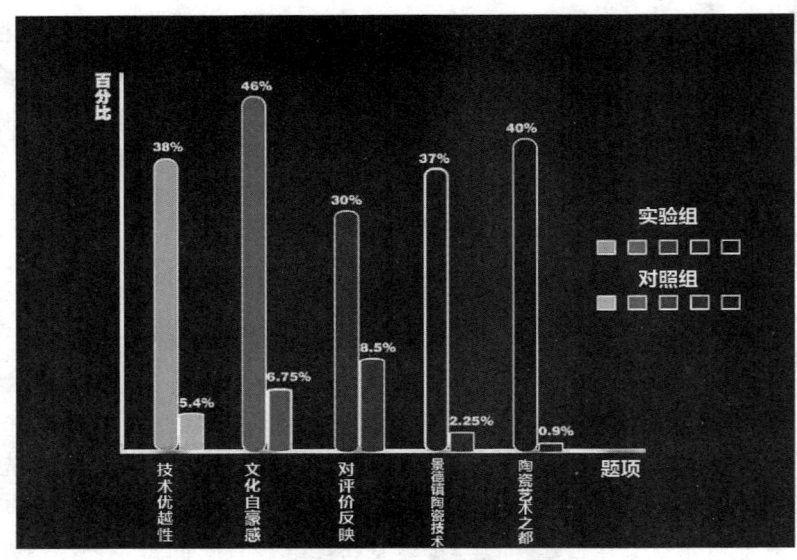

图 4-1-6　数据分析

2. "洋景漂"与景德镇国际城市形象构建的联系

于景德镇而言，历史悠久的陶瓷文化及历史是它闻名世界的主要原因，作为世界瓷都，它无疑是成功的。这点是有章可循的，如景德镇每年举办的国际陶瓷博览会，会有各个国家参加；每年陶溪川举办的"春秋大集"作为一个小型的艺术家集会，每次举办都会汇聚许多中国乃至世界各国的艺术家，在陶溪川举办艺术展览，开展学术讲座，探讨彼此对于陶瓷艺术的认知及对于陶瓷艺术今后发展的见解；每年元旦，陶溪川都会邀请外国著名交响乐队进行专场音乐会。

在外国人群体中，景德镇的艺术价值及文化价值很高。如每年的陶溪川"春秋大集"都会有许多外国友人自发参加，从各个国家漂洋过海、不远万里只是为了参加这两次小众的集会。同样，每年都有一大批外国陶瓷艺术家在景德镇开展工作室实验陶瓷艺术，举办个人艺术展展示自己的艺术成果。

这对国内而言是一件极其罕见的事情。从国内艺术发展的各个方面而言，似乎我们的主要目标都是学习并且向着国际艺术大方向上靠近，但是现在有一种文化艺术能让许多外国艺术家感兴趣并主动到中国学习，这是极其难得的。正因为这种强烈的无私的对陶瓷艺术的热爱，才会让很多原本在自己国家就颇有名声的陶瓷艺术家漂洋过海来到景德镇进行纯粹的陶瓷艺术的交流与探讨。在这种氛围中，他们尽情地汲取着中国陶瓷技艺中他们缺失的营养，同时他们也在源源不断地对景德镇本土陶瓷工作者输出外国艺术家所研究与追求的新型艺术形式与表现方式，打破了景德镇本土陶瓷艺术家乃至中国陶瓷艺术家在进行陶瓷艺术创作时思想上的束缚，形成了多元化的中国陶瓷文化表现形式。正如2019年在景德镇中国陶瓷博物馆举办的"第十三届全国美术作品展览——陶艺作品展"中所展示的不同于常人印象中的陶瓷作品，这些作品的创作者研究了陶瓷在视觉上所能展示的不同材料的质感，利用陶瓷这种表现形式反映了社会现实。他们基本上抛弃了传统陶瓷艺术上应用的图案和色彩等具有中国特色的表现形式，甚至抛弃了传统意义上的陶瓷器型，这是有别于一直以来人们对中国本土陶瓷艺术的想象的，是真正与世界接轨的艺术表现。

这样一座艺术氛围浓郁的城市的诞生绝不是偶然。就历史角度而言，景德镇陶瓷是古代欧洲尊崇了几个世纪的珍贵艺术品；就当代陶瓷艺术而言，景德镇完备的陶瓷生产线和低廉的人工成本也是艺术家需要的，更何况这里还有一大批中国本土艺术家能够交流进步。所以景德镇不断地与世界各国知名或者不知名的陶瓷艺术家合作，共同研究和探讨陶瓷艺术。

毋庸置疑，景德镇在国际上是陶瓷艺术的殿堂，是极富艺术性的现代都市。

3. "洋景漂"现象对于城市形象构建的价值

那么"洋景漂"现象能否让景德镇这座城市在扭转他人刻板印象的基础上，诞生一个富有品牌价值的城市品牌呢？这是一个值得研究的问题。

因此，基于此次问卷调查，笔者认为在面对景德镇城市定位被外界错误理解之时，想要扭转或者重新定位城市形象，产生有价值的城市品牌，那么利用"洋景漂"这个人群作为传播载体是可行的。

"洋景漂"现象作为独属于景德镇的特殊地理现象，在全国都是极其难得的。就"洋景漂"现象本质而言，中国自古以来在陶瓷方面做出了他国难以比拟的突出贡献，影响了世界陶瓷发展，故而才会有无数外国友人追寻着古代中国陶瓷外贸的路线寻找到中国，寻找到景德镇。这对于那些喜爱陶瓷的外国友人而言，很难说不是一场另类的艺术寻根之旅。于是当他们找到景德镇的时候，他们就找到了心目中的陶瓷圣地，所以他们可以在这里长期生活，长期研究艺术。对他们而言，艺术才是永恒的，文化与历史才是传递前辈精神及对艺术热爱的真实写照。

对于国人来说，这是极具情绪渲染力的，这一点从问卷调查上就可以看出来。因为"洋景漂"人群，所以人们认可了景德镇，认可了它作为中国陶瓷文化和西方陶瓷文化交流融合的纽带，承认了这座城市所蕴含的艺术性。这对于景德镇这座城市而言无疑是一个极大的帮助,让它在构建城市品牌的道路上有了一个高起点,也大大缩短了品牌构建所需要的时间。

所以,在关于"洋景漂"是否能够影响人们对于景德镇的感官与认知的调查之中,我们发现这确实是可行的。

(三)"洋景漂"现象的传播对弘扬文化自信的价值

1."洋景漂"现象作为传播内容的价值

第一,从受众基础上讲,"洋景漂"现象在网络上拥有一大群基础受众。作为一种特殊的社会现象,如同上文所讲,"洋景漂"现象不同于其他社会现象的根本原因,就是这个群体是来自世界各地不同国家的人群组成的特殊人群。而对国人而言,外国人这个群体是他们并没有太多渠道去接触和了解的,所以他们对于这个群体是好奇的。而"洋景漂"这个群体则相当于告诉国人,现在外国人这个群体之中有人选择在中国长期定居,这无疑给了国人一个了解外国人的渠道,所以必然是能够引起大多数国人关注的。其实现在国内也有一些节目将外国人作为节目嘉宾或者节目主要表述对象,其中比较有代表性的记录外国人在中国生活的节目为CCTV4从2013年开播至今的《外国人在中国》栏目,同时在互联网上也有较为火爆的"歪果仁研究会"系列短视频。这些节目都表明了一点,那就是国人已经注意到了国内那一大批外国人群体,开始从这群人着手进行一定的信息传播尝试,并且已经收到了很多正向反馈。这表明,在将外国人作为信息宣传载体时,在网络上会拥有一大批受众。

第二,从话题性上讲,"洋景漂"群体拥有能够引起受众长期讨论的话题性。这一点其实可以从"洋景漂"的人群组成上分析。不同于其他的外国人团体,"洋景漂"人群并非单纯由外国在中国的工作人员或者留学生群体组成,它有极大一部分人员是由各种意义上的艺术家群体组成的。在这种情况下,一个极其现实性的问题就出现了:这群人在自己国家拥有较高的社会地位,且很多人都身价不菲,那么他们来景德镇的原因到底是什么呢?这就是能够引起广泛讨论并长期存在的话题。

在这个网络时代,当一种传播信息拥有极大的受众基础,同时还带有能够让人广泛讨论的话题时,那么传播这个信息无疑是成功的。但由于网络上信息上传门槛低,很多有话题性、有受众基础的话题所传播的信息从本质上来说或许根本就不存在价值。

第三,从信息本身来讲,"洋景漂"现象所传播的信息是关于景德镇陶瓷艺术的，是关于中国陶瓷文化与世界陶瓷文化交融这些方面的。所以，这无疑是一个有内容、有深度的高质量信息。作为一个高质量信息载体的"洋景漂"现象又是一个同时具有群众基础和讨论性的话题，那么无论从哪个角度来说，这都是一个具备极高传播价值的内容。

2. "洋景漂"现象对弘扬文化自信的价值

第一，直接价值。在信息传播中，我们一直坚信只有真实的消息才能让他人相信。同理，在情感宣扬中，也只有真实的情感才能让他者认同。"洋景漂"人群之所以在景德镇长期定居，就是因为他们是发自内心地喜爱陶瓷艺术，他们对研究陶瓷艺术是有着无限的热情的。也正因如此，人们在了解"洋景漂"现象之后才会对他们所喜爱的东西产生认同，即对景德镇和景德镇陶瓷文化艺术产生认同。而陶瓷文化作为中华文化的一部分，自然能够影响人们对于中华文化的认同感，即以小见大，增强国人的文化自信。

第二，间接价值。在传播信息时，我们通常会选择一些技巧来增强受者对信息的接受程度。那么在传递关于景德镇的信息时，选择所谓"洋景漂"人群作为传播信息的载体，无疑是一个很好的传播信息的技巧。也就是选择与自我群体不同的其他群体，借用他们来反映某个事件或者观点，然后利用这个"其他群体"让"自我群体"产生一定的思考及反思。那么，这个技巧的优点是什么？

首先，选择"洋景漂"这个异于国人的群体作为信息的传播者，摆脱了类似于"王婆卖瓜，自卖自夸"的尴尬局面，让国人明白我们的文化是极好的，这不是我们自说自话而是真的很多外国人认可。

其次，虽然中华文化历史悠久，但仍有一小部分国人对外国文化有着一定程度的崇拜与羡慕。那么，在借用外国人这个群体宣扬本民族文化时，就自然而然地带上了一定的身份属性加持，具有"我觉得厉害的都在说这个好，那这个一定是真的好"的信息传播优势。

最后，在网络时代，国内各种各样的报道及宣传方式国人早就已经司空见惯，这个时候再站在"自己"的立场上传播一些主旋律的东西，国人难免产生抵触心理，信息传播的效果也就大大降低了。因此，只有找到一种国人不会产生抗拒情绪的新型传播方式，才能让国人对这些类似于文化自信的东西产生兴趣，产生认同感。

因此，当我们弘扬文化自信的时候如果选择类似于"洋景漂"人群的外国人群体，那么可能受者的反馈就会更正面，传播的信息也会更有效。

换个角度思考一下，如今国家正在大力弘扬坚定中国特色社会主义道路自信、理论自信、制度自信、文化自信，那么，在做这些宣传工作时，为什么不能改变一下思路，从弘扬匠人精神、弘扬悠久历史转变成宣传外国友人与中国文化的故事，即"洋面孔讲述中国故事"？这样不仅可以摆脱国内文化宣传的掣肘，又能够有效地传递出想要传递的消息，正是一举多得。

五、"洋景漂"现象的研究结论及启示

景德镇是一个具有悠久历史和文化底蕴的城市，这里有更多的艺术价值与人文价值值得被人们研究与铭记。作为中国乃至世界的瓷都，我们清楚地知道景德镇需要更多人来了解。它就像一块深埋在地底的宝藏，在没被发掘之前谁都不知道它有多光彩夺目。幸运的是这里已经提前被别人找到了其能够赖以生存的价值基础。

（一）"洋景漂"数量及生存方式展现出国外群众基础

大量的外国人在景德镇追求他们所追求的，他们对于景德镇的很多方面的了解可能反而超过了中国本土人群。这说明他们是真正在向景德镇的文化和历史靠近，追求艺术和思想内核。

（二）从"洋景漂"现象入手，打开对国人的宣传大门

从理论上来说，景德镇作为世界瓷都是不缺乏知名度的，但实际上很多国人对于景德镇的了解也只是止步于这个名字与外号。他们对景德镇存在刻板印象，没有深入了解过景德镇的生存现状。作为一个小城市，可以说景德镇的一切对于外来人员而言都不太存在吸引力，大多数人认为其无非是一个陶瓷交易市场，去与不去都不存在问题。这是思想观念上存在的问题，要想扭转这种观念应从宣传手段出发，激起民众对于中国本土文化的自豪感。而这可以很好地由"洋景漂"人群诉诸于口，从他们口中告诉国人景德镇是一个文化的、艺术的城市。

（三）讲好"中国故事"，增强认同感和归属感

从"洋景漂"人群入手，用洋面孔讲好中国故事，旨在告诉人们我们自己文化的魅力所在。可能我们还没意识到，但是别人已经开始深入挖掘、成体系地挖掘这些文化，从这方面上讲，我们可能是落后于他们的。实际上，我们缺少的就是存在于意识形态上的对于文化的敏感和发掘。经由洋面孔可以从侧面衬托出景德镇的文化、艺术价值，用洋面孔讲好中国故事，增强文化自信和归属感。

第二节　外国人讲述中国故事的途径

经济全球化给世界带来的变化非常多，如便利的交通让世界变得更小，每个人都有机会跨越国界去另外一个文化领域生活、学习、工作。国际化媒介的发展让传播触手可及，每个人都变成文化的传播者和故事的讲述者。在华外国人领会到中国文化的精髓后，通过发达的媒介可以使每个人都能够成为中国故事的"代言人"。

一、外国人讲述中国故事需要注意的地方

（一）进入文化的核心地带

20世纪70年代末，有学者把文化比喻成"洋葱"，引导人们将其一层层剥开。这颗文化的"洋葱"从外到里依次是：能直观接触的象征物（服装、语言、建筑等），英雄人物性格（文化中所崇尚的民族性格），对待人和自然的礼仪及最深层的价值观。在接触到陌生文化的时候，有些人只是走马观花似的看看，有些人愿意去阅读有关文化的书籍，有些人喜欢去跟陌生文化中的人沟通交流，能够将那颗文化的"洋葱"一层层剥开，触碰到了最深邃的价值观层面。

剥开"洋葱"是一个过程，需要开放和包容的心态。有的外国人曾经描述过对中国文化的初体验：他们书写时从右到左；他们姓在前，名在后……先吃饭，后喝汤；想说"是"却说"不"。这些与他们自己国家截然不同的习惯并没有阻碍他们向文化核心靠近。有的外国人为了了解中国，聘请了语言教师或和中国人交朋友学习汉语，以达到正常交流的水平。有了语言和书本上的概念认识，再加上"广泛的旅行"，很多外国人在中国通过互联网和日常交流接触到了中国不同层次的人，甚至能够讲一口地道的方言。在中国的亲身经历让他们获得了中国的核心文化体验，他们和中国人的每次交流都让他们离中国文化的核心地带更近一步。他们在中国能体会到中国人喜欢淡化个人的能力而强调集体成就，在中国媒体上知晓中国人崇尚和平、避免冲突、追求安稳和重视家庭，学习中国近代史让他们感受到了中国人骨子里的坚忍不拔等。

外国人讲述中国故事，需要外国人一层层剥开这颗文化的"洋葱"，走进中国文化中最核心的地带。这个过程需要身体力行地去接触和挖掘文化，并将这种难以

理解的价值观融入自己的作品中去，传播到外国。这必定会形成与外国文化的碰撞，但这是植根于中国文化最深层的东西，没有它，外在的形式都将不复存在。

（二）展示真实、立体、全面的中国

讲好中国故事，传播好中国声音，展示真实、立体、全面的中国，是加强我国国际传播能力建设的重要任务。比如，纪录片《爱上中国》为"中国故事"表达提供了一种新的表达角度，即中国故事的书写也应该借助那些热爱中国、为中国发展做出过贡献的外国友人。他们像勤劳智慧的中国人一样，把自己的青春奉献给了中国。这些发生在中国大地上的友好交往故事是火热的、动人的、真切的"中国故事"。2021年恰逢中国共产党成立100周年，纪录片《爱上中国》中既有中国成长发展的故事，也有中国与世界交往的缩影。节目不仅以外国友人为主线回顾了中国共产党的历史，也用镜头向在中国特色社会主义现代化建设和促进中外交流合作、维护世界和平中做出杰出贡献的外国人致敬，体现了纪录片对"讲好中国故事，传播好中国声音"的新阐释和新理解。

（三）适度的文化移情

"移情"的意思是站在对方的立场去理解对方的情感和感受的能力。"文化移情"则是指在跨文化交际中，交际主体自觉地转换文化立场，有意识地超越本土文化的框架模式，摆脱自身原有文化的约束，将自己置于另一种文化模式中，在主动的对话和平等的欣赏中领悟和理解另一种文化。当交际主体进入一个新文化时，语言、利益、信仰、习惯、价值观的差异很容易使其陷入文化定式、文化偏见甚至是民族中心主义的泥淖。

相信外国人来到中国之后，很快就会感受到中外文化的差异：语言、礼仪、价值观、政治立场、革命思想等。外国人讲述中国故事，要求讲述主体首先在认知上认同差异的存在。很多外国人并没有因为差异的存在而拒绝交流或者抵触中国文化，而是以一种开放的心态去试图接受这些差异，用他们自己的话说就是不理解但并不影响"四海之内皆兄弟"。很多外国人在情感上开始接受差异，他们在进行大量的阅读、广泛的旅行、丰富的社交之后开始试图探索差异存在的原因。如中美之所以有个人主义和集体主义的差别，是因为中国深受儒释道思想影响，崇尚社团价值，因此习惯把个人放到集体中去衡量其价值。中美之所以有不同的权力距离，是因为中国是一个农业社会，其显著特征是其宗法性，它将人与人之间的关系维系在一定等级之中。很多外国人在深入文化核心地带后，便能发现这些差异背后的经济、政治、文化因素，也就能更好地理解这些差异，这使他们从

行动上开始解决冲突和问题。文化移情的过程便是如此，交际者自觉地转换立场，将自己置于新文化模式下去认知和接受。

但是值得注意的是，在文化移情的过程中，我们不能脱离本土的文化环境去转移感情，也不能过度放纵自己的感情，造成本土文化立场的丢失。文化具有动态性、交融性的特点，我们应该做到主动地对话、平等地欣赏。只有外国人也做到了这一点，才能将中国故事讲给更多的人听。因此，适度的文化移情也是人们需要做的。

（四）保持"陌生人"的感知距离

"陌生人"是齐美尔提出的，其定义为"今天来并且明天要停留的那种人"[①]。陌生人在所处的环境中始终是特殊又普遍的存在，他没有来去的自由，因此"他并不致力于实现某个特定群体的特定倾向和特定组成部分……因而能够用更加'客观'的独特态度来对待事物……这种客观独立性不受任何义务的限制，因为任何义务都会使他的认知、理解和评价产生偏见"。

作为"陌生人"，外国人的生活习惯、人际关系、思维方式体现了"远与近的统一"。而"陌生人"的视角给人们提供了一个更加客观的视角来看待问题。

（五）立足本土的讲述方式

我们都知道信息的传播有五个基本要素，即谁、说什么、通过什么渠道、对谁说、取得什么效果。将中国故事传播出去同样需要这五个要素。既然传播对象是外国人，传播效果是希望他们能够了解并理解中国这片土地上所发生的一切，那传播的方式就应该是外国读者能接受的。

由于中外文化的差异，讲述者可以从文化的每一个层面向读者进行解释和说明。比如，如果将中国的货币换算成某类外国货币，接受者能更好地理解中国大众的生活环境；将中国风俗习惯的历史渊源陈述出来，接受者就不会觉得某种行为很怪异；针对陌生的中国事物找到与国外相似的对应物，接受者便会增加亲近感；将中国的价值观融入一个个小故事中，就不会显得太深奥。这样中国的故事才能被转换成被外国人理解的内容，这样他们能够理解也自然而然地能提供反馈。立足本土的讲述方式淡化了地理和心理上的疏离感，找到了文化间的最大公约数。

中国越来越需要世界各个国家的理解，要把信息传递出去，让对方接受、理解并做出反馈，就应该选择立足于接受者本土文化的讲述方式。

---

① 齐美尔.陌生人[M].费拥，吴喆，等译.北京：文化艺术出版社，2001.

二、充分发挥新闻和电视节目的作用

（一）利用新闻

人的社会化要使现代社会对新闻获取的需要上升到较高的层面。国际化的当下新闻是受众获取他国信息的主要方式，外国人讲述中国故事也必须通过新闻渠道进行传播。

1. 外国人作为新闻主角

中国40多年的改革开放和国际化程度的加深使得越来越多的外国人来到中国旅游、求学、工作和生活。他们在文化上作为外来者进入中国社会，天生就具备稀缺性的新闻价值，外国人在中国的生活情况也会成为外国人看待中国社会的一项指标，发掘外国人眼中的中国故事应该成为对外传播的一个重要叙事角度。如2020年新冠肺炎疫情防控期间，英国以模仿憨豆先生出名的演员"逗逗先生"滞留武汉，拍摄了"豆豆先生在武汉为中国加油"视频短片，被新华社转载；此外，还有日本导演竹内亮拍摄的"南京抗疫现场"等均在国际上得到了广泛传播。外国人在中国的新闻故事会引起中外受众的好奇心，新闻主角是一种文化交流和国际化的人类命运共同体样本，所形成的跨文化景观更容易增强新闻故事本身的戏剧性和冲突感。

2. 外国媒体作为新闻生产主体

利用国外新闻媒介平台进行新闻落地播放可以实现中国故事的"借船出海"，而在新闻节目制作和内容生产上的"合力造船"则能够更好地把控新闻内容和传播效果。国际媒介合作是经济全球化背景下媒体间合作交流的常见模式，在新闻的生产制作中加入外方媒体资源，既可以利用外国平台的资源、技术，又能融入他者视角，中国故事的国际表达比较容易实现。同时，外方制作团队的加入也使得节目更容易在当地的媒体平台落地，从而提高受众接受程度。中央及地方外宣媒体开始越来越多地和国外制作方在新闻策划、新闻采编、新闻播放等领域开展深入合作。如央视《亚媒看中国》就是典型的国际新闻合作项目，由外国通讯社记者采访中国成就，并在其国家媒体播放。

（二）利用电视节目

目前国内很多电视节目以创新的节目形态、国际合作的制播模式，用移动化、社交化、场景化的融媒体传播方式具象地呈现了中国在和平发展、科技创新、社会民生、乡村振兴与脱贫攻坚等方面的变化和成就，比如《功夫学徒》帮助海外观众了解中国，找寻助益自身国家发展可供借鉴的经验和方案，为电视节目的制作、传播提供了新范本，形成了"讲好中国故事"的新范式。

我国的湖南芒果超媒、芒果TV与美国探索频道（Discovery）联合制作的《功夫学徒》，是跨国职业体验纪实类真人秀节目。该节目目前有两季，分别于2019年9—11月、2020年9—11月在湖南卫视、Discovery全球电视网播出。该节目在芒果TV播放量达2亿，微博话题阅读量过亿，《人民日报》《光明日报》和央视新闻频道《新闻直播间》等栏目也相继进行了报道推荐。在海外社交平台上，30多个国家和地区的上亿用户可以通过屏幕看到该节目，引起了海外网友的热议。《功夫学徒》立足于"中国文化走出去"，采用了"中国故事，国际表达"的创作机制，是电视节目"讲好中国故事"的一次重要探索，为中国文化的对外传播提供了范例，对其进行分析有助于提升我国媒体的国际传播能力。

1. 精耕内容：跨文化传播视域下的创新表达

互联网的发展使全球文化相互碰撞、融合与渗透，为电视节目制作与传播带来了挑战和机遇。用传统的思维方式制作节目已经不能适应新的时代背景，"讲好中国故事"是新时代电视节目制作的方向和目标。"讲好中国故事"主体是"讲"，标准是"好"，重点要考虑节目受众的文化、心理和接受习惯。为了避免刻板化、模板化、宣教化的"硬宣传"，电视节目制作就需要立足于精耕内容，丰富节目看点和卖点，既要保持节目自身的特色话语体系，也要站在跨文化传播的立场厘清中西方文化差异，根据海外受众特点"讲好中国故事"。

首先，从节目选题来看，以往的电视节目注重将功夫、民俗、美食等作为呈现中国景象、塑造中国形象的重要选题。这些单一、同质化、模式化的题材让国外受众对中国产生了固化认知。而《功夫学徒》以"互联网"为背景，以"科技发展对人们生活的改变"为核心主题，以具有现代性、发展性、国际性的开放型视角让国内外观众将目光移向中国当代的经济发展。如第一季的选题为"中国九大创新前沿产业"，节目以点带面地展现了新时代中国社会经济发展情况；第二季选题则为"探寻中国古老农村如何联结城市现代文明"，用现代科技、创新产业模式帮助农民脱贫致富，为世界提供脱贫方案。节目选题具有全球意识、现代意识、创新意识，通过既有中国独特文化特色又有故事性的新人新事，从科技创新改变生活、绿色发展引领脱贫、电商直播振兴乡村、创新技术激活传承等方面出发为世界各国提供了中国经验，向世界塑造了一个有活力、开放、文明、富强的中国新形象。

其次，从叙事来看，在跨文化传播背景下，如何"讲好中国故事"，谁讲、怎样讲、自己讲还是他人讲，需要有明确的规划。为此，纪实类电视节目通过立体化、多空间、多角度的方式来呈现内容，寓"知识性"于"娱乐性"中，用具有艺术美、自然美、社会美的影像让观众得到视听满足，用"真实+虚拟"的故事表达抽象的寓意，用营造悬念的方式抓住观众的好奇心，用情景再现引起观众的共情和共鸣，并形成完整的逻辑思想和创作思路，围绕主题大胆突破和革新。

节目巧妙地把话筒交给外国学徒，让他们在导师的帮助下身临其境、身体力行地深入连接中国各领域、各地域，进行交流、沟通和学习，体验中国的创新发展，学习中国经验。通过这些外国学徒的所看、所想、所思，用国际化的视角表达"中国故事"，向世界分享中国的发展经验。节目还设置了主持人、掌门人、当地老百姓等多个角色讲述中国故事，观众也随着节目空间、人物关系的不断变化开启了对中国的新认知。例如，第二季第一站外国学徒们被分为两组来到云南红河州元阳县阿者科村，一组到哈尼梯田学习，感受古老特色的"稻鱼鸭共生养殖系统"；另一组到阿者科村学习传统手艺，体验"阿者科计划"遗产保护与旅游可持续发展相结合的精准扶贫项目；美籍主持人吴振天在村子的烧烤摊与卖货阿婆交流，见识村民用微信收费；"掌门人"中山大学旅游学院博士胡晶晶在村里向大家介绍利用旅游模式带动村落发展的"阿者科计划"；村民高阿嫂一边"打褙子"，一边介绍自己早年外出打工，因为"阿者科计划"回乡靠手艺赚钱的经历。通过主持人、掌门人、外国学徒、当地老百姓的多重视角，《功夫学徒》用视听影像具象、生动地向观众"讲好中国故事"。

2. 强强联合："互联网+融媒体"形态下的国际表达

为了改变西方主导的世界话语体系，增强中国的国际话语权，中国必须多渠道、多途径、多模态地加强国际传播能力建设，讲好中国故事，传递中国声音，塑造中国新形象。电视节目的制作更需要将技术、内容生产、资本运营、用户流量、传播渠道等资源盘活、用好，以提升自身的国际传播影响力。

（1）合作制作"造船出海"与"借马入市"

对电视节目制作和运营创新来说，互联网是助推器。电视节目制作与运营包含了4个环节，即出生环节、内容生产环节、内容分发与传播环节、观众感知环节。其中出生环节决定了资源配置的优化，也决定了电视节目的走向。近几年来，中国电视节目的制作与宣发逐渐开始走向多元化合作路线，通过不同的渠道缩短节目与市场的距离，拓宽节目与市场的空间。《功夫学徒》就是一个成功的案例，开放融合的芒果TV与深谙跨文化传播的美国Discovery的合作可谓强强联合，芒果 TV 借此"造船出海",美国 Discovery 趁机"借马入市",通过借力双方资源,发挥各自的优势,拓展传播渠道,实现合作共赢。

国内芒果 TV 与湖南卫视的"双平台"作用已日渐显现,以视听互动为中心,融网络特色与电视特色于一体,实现了集内容、平台、应用、终端于一体的有机系统,构建了从节目、广告、电商到用户的独特"互联网+芒果型生态"。正是湖南电视产业这种快速的国际化发展战略布局,才能以强烈的文化自信整合芒果传媒的优势资源,创新节目内容,拓展传播渠道,明确用户需求,扩展海外市场,奠定创新型电视节目制作的基础。在"互联网+"背景下,芒果 TV"造船出海"是顺应时代发展潮流、推动"中国文化走出去"的全球化布局。

美国 Discovery 频道是目前世界上发行较广的电视频道,每天以 35 种语言在全球 160 多个国家和地区播出。Discovery 选择与芒果 TV 合作制作《功夫学徒》,不仅是为了能够获得更多领域的丰富资源,也是 Discovery"借马入市"、开拓市场,用全球化经营、文化跨国生产的方式搭建文化产业链,利用品牌优势兼营节目销售、互动多媒体、电视制作等多种业务的产业化战略。《功夫学徒》作为 Discovery 与芒果 TV 强强联合的成果,不仅符合 Discovery 的创作理念,也让 Discovery 捕捉了中国丰富的文化影像,开拓了国际市场,吸引了更多世界观众。

(2)传统媒体与新媒体"跨屏互动""整合营销"

媒体融合时代电视媒体的节目制作与运营更应立足于融合,拓展发行渠道,实现整合营销。既要运用新信息技术,也应进一步整合国际资源,为"讲好中国故事"提供支持。从播出平台看,《功夫学徒》在芒果 TV、湖南卫视、芒果 TV 国际版 APP、Discovery 全球电视网等平台分时段交叉播放,跨屏互动,有效配置、整合和运用这些媒体资源,聚集用户、信息、平台和流量,获取市场竞争的最大优势。例如,《功夫学徒》在芒果 TV 国际 APP 的播出,不仅让海外下载芒果 TV 国际版 APP 的观众转化为用户,增强了海外观众对平台乃至整个芒果 IP 品牌的黏性,也优化了芒果 TV"互联网+跨界融合"的产业链战略。《功夫学徒》登陆 Discovery 全球电视网,利用其渠道优势,不仅扩大了节目的传播范围,增加了中国故事的国际发声量,也让世界更多国家和地区的人通过视听影像真正了解中国,学习中国发展的创新方法和模式。从营销策略看,《功夫学徒》准确定位了受众群体,深入挖掘潜在市场,充分利用互联网和新信息技术,跨越文化、语言、地域、意识形态的障碍,迎合市场的不同需要,架构配置、应用和整合各种信息资源与营销策略,形成赢得市场的核心竞争力。

第三节　外国人讲述中国故事需要注意的问题

一、故事内容选题较为片面

目前，对外国人讲述中国故事的内容分析可以发现，一方面，有中国工作、生活经验的外国人在"他者"视角的影响下，容易忽视中国文化与其祖国文化中相同的内容，而比较容易关注中国具有独特韵味的文化热点或国粹。另一方面，外国人讲述中国故事还存在另一种情况，即外国媒体人对中国的新闻采访编辑等。其中有一部分外国新闻人对中国社会文化知之甚少，甚至对中国抱有偏见，其报道的内容及选题偏向负面。因为语言、文化等差异，并不是每个西方记者都了解中国，此外也存在个人偏见等问题。在讲述中国故事的过程中，找到外国人能够接受的语言表达习惯，决定着故事传播的成败。

对外讲述中国故事既要把握国际社会的研究兴趣点，让世界了解中国从哪里来、向哪里去，回答好中国道路为什么走得通，也需要找准世界的需求，要把我们想讲的和国际社会想听的结合起来。然而，目前外国人讲述的中国故事存在选题片面的问题。以中国互联网上比较火的"洋网红"视频为例，大部分视频还是围绕着中国美食比外国食物好吃、中国比外国安全、中国高铁等中外差异性比较大的话题。虽然使用类似话题能够体现出中国比外国优秀之处，但有关中国文化内涵等深层次的东西无法展现。又如2021年BBC等媒体来中国制作纪录片《重返湖北》时，在中国版本使用正常色调而在英国使用被中国网友戏称为"阴间滤镜"色调，就是较为明显的偏见使然。在该纪录片中对比中国版和英国版的区别，还有一处值得深思的是，英国版对抗击新冠肺炎疫情专题展览中"人民至上，生命至上"的标语根本没有翻译，这也印证了外语翻译与叙事角度的重要性。

二、外国人认识中国需要较长一段时间

很多外国人来到中国以后，发现中国与他们从本土媒体上了解到的差别很大。中国在国际上的形象和实际中的对比对外国人的冲击较大。如法国人丹妮斯说，外国人对中国的了解主要通过西方媒体的报道。从小就对中国艺术感兴趣的丹妮斯表示，她喜欢中国的国画、书法，来中国前她经常去巴黎十三区看有关中国的

展览。因此，她会时常关注有关中国的新闻，"西方媒体和中国媒体的报道我都会看一些，风格、角度差别很大。外国人更喜欢一些具体生动的故事，或是对某一现象或问题进行深入的分析"。

大部分外国人来到中国后，需要较长时间来适应中国文化、学习中国语言。适应文化差异是外国人初来中国面临的最大问题。对于外国人而言，讲述中国故事首先要了解中国，而这个了解中国的过程较长，外国媒体对中国描绘的固有印象也会延长这个过程。因此，哪怕是实际在中国居住的外国人，要讲好中国故事也不是短时间能够达成的，更不用说临时来中国进行采访的外国记者了。

三、中外思维方式的差异较大

无论是媒介还是个人传播，掌握话语权的关键在于被受众认同，在于自己的思想和观点得到理解和支持。所以在对外传播中要了解外国人的想法和感兴趣的话题，知晓外国人的思维方式，这样既能达到宣传的目的，也能吸引他们的注意力。然而，世界各国思维方式均有差异，特别是中西方思维差异巨大，由外国人讲述中国故事可能会因思维及表述方式不同造成差异。

针对不同的思维模式，国家宣传的表述方式应有所不同，比如对日本、韩国等高语境文化国家，他们对中国思维方式认同度较高；如果针对西方国家，直白的表达方式可能效果更好。又如中国的媒体总是喜欢呈现一些宏大的东西，而大部分西方人觉得一些比较生活化的故事更能吸引他们的注意。因此，对西方国家可以讨论一些关于社会、文化或艺术的具体话题或关注某一个群体。比如，让一个摄影师去拍摄一个艺术家，去拍摄他的生活，去关注一些有意思的中国人的生活。外国人会对中国的一些文化现象比较有兴趣，除了新闻报道，还可以通过文化交流、艺术节、电影节等来加强国际传播。

第四节 外国人讲述中国故事的管理策略

一、外国人讲述中国故事管理研究的大致方向

在政策管理上，相关部门需要对目前外国人讲述中国故事进行分类管理，主要分为对外和对内两个方向。在对内传播上，引导传统媒体在传播内容的设计上利用"洋面孔"制作对国内受众构建良好国家形象有助益的节目。对互联网"洋

网红"等现象加强监管,特别是对建构中国形象有负面效应的传播内容进行跟踪处理。在对外传播上,鼓励对外传播机构合理利用外国面孔资源,提高对外传播效果。对新闻传播实践中出现的典型案例进行进一步分析,特别是国家投入较大但传播效果不佳的案例,还需进行批判研究。

二、外国讲述者讲述中国故事可以讲什么

友谊没有国界,外国讲述者可以通过讲述他们与中国人民的友谊,将中国人民的善良好客、中国社会的开放包容展现在世人面前。外国讲述者可以讲的中国故事内容丰富。中国历史悠久、文化元素多样,外国讲述者不仅可以讲述古代中国,还可以讲述现在的中国、未来的中国;既可以用宏观视角叙述中国发展,也可以以小见大描述人民生活。

(一)古今中国

外国人讲述中国故事的第一点便是中国的历史文明。文明古国是目前外国社会对中国的普遍认识,基于这个普遍认识述说中国故事容易被接受。中华文明自有文字记载以来未曾出现断代,既有丰富的历史故事和种类丰富的非物质文化遗产,也有长城、故宫这些古代建筑奇迹,还有《论语》《诗经》《孙子兵法》这些思想文化精髓。这些中华文明的闪亮名片精彩纷呈,十分受外国人欢迎。

中国古代辉煌已成历史,而当代中国最宏大、最精彩的故事就是实现中华民族伟大复兴的中国梦,讲述当代中国故事必须包含中国梦的讲述。中华人民共和国成立70余年来,特别是改革开放40多年以来,中国的经济总量跃居世界第二,"神舟""天宫"已经遨游天际,世界级的企业逐年增多。中国在经济社会发展中取得的辉煌成就是中国现代文明最引人入胜的内容。

如今的中国已经积累了讲好中国故事的丰富资源,外国讲述者可以将"讲古"与"说今"相结合,向世界讲述中国发展之路的由来,即讲述中国的历史文明和现代文明之间的传承关系,阐释中国共产党改变旧中国、创立新中国的故事,阐述中国发展进步的路径、轨迹和原因,介绍中国坚持以经济建设为中心、继续推进改革开放、努力实现"两个一百年"奋斗目标。还可讲述中国道路的未来,即讲述中国未来发展的机会、发展面临的挑战和战胜挑战的措施,讲述中国有信心、有能力克服发展进程中的困难和矛盾,保持经济持续健康发展,推动社会进步。

(二)议题的选择

外国人讲述中国故事的过程中,对于议题的选择是一个十分重要的环节,如

何选好议题也是外国人讲述中国故事的关键。笔者在本节展示国际新闻中评价较好的几个案例，以说明议题选择中的两个原则：一是大叙事与小叙事结合，既有改革开放这样的宏大议题，也有讲述普通人故事的小叙事；二是不回避争议性议题。

1. 大叙事与小叙事相结合

2018 年是中国改革开放 40 周年，围绕中国改革开放这样的宏大议题讲好中国故事，不仅要展现中国政治、经济、文化、科技等方面的巨大进步，同时也要体现这 40 年是中国和中国人深度融入世界、共同促进全球发展的过程。

《中国日报》策划的系列专题报道《40 年 40 人》，选取了 40 位来自政商界、学界、文化界等不同领域的人士，他们曾经经历中国改革开放进程中的关键节点，目睹了改革开放 40 年给中国带来的巨大变化。这些名人包括联合国前秘书长潘基文、美国前驻华大使骆家辉、"金砖之父"吉姆·奥尼尔、新加坡前总理吴作栋、日本前首相鸠山由纪夫、"修昔底德陷阱理论"提出者哈佛教授格雷厄姆·艾利森、美国著名电视制片人靳羽西、世界贸易组织前总干事帕斯卡尔·拉米，以及世界卫生组织前总干事陈冯富珍等。美国著名电视制片人靳羽西回忆了 20 世纪 80 年代制作的电视节目《世界各地》，这档在中央电视台播放的节目是当时普通中国人了解国外的一扇"窗口"，她也因此成为中国家喻户晓的名人，而她后来推出的化妆品品牌更是见证了中国女性追逐美丽的步伐。中国"入世"谈判中的美方关键代表查琳·巴尔舍夫斯基讲述了中国加入世贸组织过程中与美国艰难谈判的细节，中国"入世"无论对于中国还是对整个世界都具有非常积极的意义。这些被访者见证了中国改革开放 40 年来翻天覆地的变化，同时他们作为"意见领袖"具有巨大影响力。该系列报道推出后引起国内外媒体关注，相关报道被转发。

《光明日报》制作的广播专题节目《义乌这座城》记录了生活在这座"世界小商品之都"的普通外国生意人的经历。节目采用复调的叙事方式，故事主线讲述这些外国生意人融入和扎根义乌的过程，同时以义乌这座城市的发展为背景，人的融入和城的发展共同呈现了中国对外开放所取得的成就。

2. 积极回应争议性议题

近年来随着"一带一路"倡议的推进，越来越多的政府组织和中国企业参与"一带一路"沿线国家的经济建设。中国力量的出海过程中也必然和当地势力产生这样或那样的问题与矛盾，要想对当地公众讲好中国故事，就不能回避双方在合作及交往过程中出现的问题，利用当地人或当地媒体阐释中国思想意图是较好的解决思路。

蒙内铁路是中国帮助肯尼亚修建的标轨铁路，是肯尼亚独立以来最大的基础建设项目。但在2018年下半年，肯尼亚个别当地媒体不时发布中国企业在蒙内铁路建设和运营期间"对中非员工实行差别待遇"等不实报道，在当地受众中造成了负面影响。中国国际广播电台斯瓦希里语频道推出的"我的铁路——蒙内铁路"系列报道，邀请蒙内铁路当地雇员和乘客讲述自己建设、乘坐蒙内铁路的故事，采访对象包括肯尼亚籍的管理人员、工人、列车乘务员及肯尼亚普通乘客等，借助肯尼亚自己人的发声来消除当地人的误解。

三、如何帮助外国讲述者讲好中国故事

一是真心、友好地与外籍人士做朋友，让外国人愿意成为中国故事的主动讲述者。外国人作为中国故事讲述者和海外受众之外的"第三方"，愿不愿意成为"讲述者"，愿不愿讲述真实的中国，是我们必须面对的问题。解决这个问题要依靠真诚沟通，只有用真诚的沟通打动外国人并获得他们的认可，才可能进一步使他们成为中国故事的讲述者，愿意主动讲好中国故事。

二是从贴近海外受众接受习惯出发，帮助外国讲述者挖掘合适素材。中国故事的素材浩如烟海，我们在帮助外国讲述者从中国的自然风貌、风土人情、历史文明、当代文明中挖掘素材时，既要注重素材对中国现实的真实反映，也要从贴近海外受众视角、符合海外受众接受习惯等方面出发，为外国讲述者提供帮助。

三是在国际合作中，用国际平台讲好中国故事。中国的文化精品需要推广给世界，一方面要靠我们的主动传播与展示；另一方面也可以在国际合作中将中国文化精品作为内核，包装成海外受众喜闻乐见的表现形式，把中国文化精品用"借船出海"的方式在国际平台上介绍给海外受众。

2016年9月10日晚，英文版歌剧《红楼梦》在美国第二大歌剧院——旧金山歌剧院成功完成了首演。29日，最后一场演出落下帷幕。据旧金山歌剧院初步统计，6场演出共售出18268张门票，上座率高达97%，部分场次甚至出售了站票，观众中60%是非亚裔。此次操刀完成英文版歌剧《红楼梦》创作演出的是，由作曲盛宗亮、导演赖声川、编剧黄哲伦、服装设计叶锦添、主要演员许芳宜等一批有着良好英文背景的华裔艺术家组成的国际"梦之队"。他们通过3年多的改写与编排，将有着120个章节的文学巨著《红楼梦》浓缩为一台2小时20分钟的歌剧，在旧金山歌剧院的舞台上呈献给没有读过原著的西方特别是美国观众，让他们在了解18世纪中国文化与社会的同时，领略中国古典文学名著与西方歌剧融合后散发出的巨大魅力。

四是组建国际化传播团队，搭建国际化传播平台，加快媒体"走出去"步伐。在社会舆论生活中，新闻媒体因其专业性强、资源丰富、影响力大的特点而具有话语权优势，是信息传播理所当然的主力军。中国新闻媒体应加快"走出去"的步伐，融入国际传播大环境，在自己讲好中国故事的同时，充分利用外国讲述者讲好中国故事。一方面，中国新闻媒体要加强自身建设，通过组建高水平的国际化传播团队，让外国媒体人在提升中国媒体国际传播能力的过程中发挥作用。另一方面，中国新闻媒体要加强国际合作，充分利用海外媒体影响力，为外国讲述者讲述中国故事提供国际传播平台。

作为中国对外传播的重要平台之一，《中国日报》旗下聚集了500多名来自海内外、接受过专业培训的新闻从业人员，常年聘用近百位来自美国、英国等国的资深新闻传播人才从事新闻报道的采编、策划工作，并且建立了面向全球采编、发行的十余种纸质出版物和基于互联网的网站、新媒体、移动客户端等数字化信息传播体系。同时《中国日报》充分发挥自身的国际语言、传播渠道和品牌资源优势，积极利用海外媒体的影响力，与路透社、美联社、法新社、彭博社，《纽约时报》《华盛顿邮报》《今日美国》《华尔街日报》《时代周刊》《金融时报》《卫报》《环球邮报》《费加罗报》《国际先驱论坛报》以及英国广播公司、美国全国广播公司等广泛开展稿件互换、人员交流、合办活动等合作，为中国声音以更地道的表达、更广泛的覆盖面、更及时的传播速度传递给海外受众提供了保障。

五是在"议题设置"中帮助外国讲述者讲好中国故事。"议题设置"理论认为，大众传播只要对某些问题予以重视，为公众安排议事日程，那么就能影响公众舆论，影响人们对周围世界的大事及其重要性的判断。在国际传播中，谁最先进行了"议题设置"，谁就在话语权争夺中占有了先机，就有可能按照自己的意愿引导国际舆论。因此，我们需要主动设置议题，讲述真实的中国，增进世界对中国的了解，破除误解与疑惑；需要抓住国际社会对中国的聚焦点设置议题，大胆宣讲中国的道路自信、理论自信、制度自信、文化自信，讲述中国的伟大成就和存在的不足，回应国际舆论的关切；需要围绕国际社会普遍关注的重大问题设置议题，提出中国主张，表明中国立场，与国际社会广泛开展对话和合作，充分展现一个负责任的大国形象。在这个过程中，外国讲述者可以充分发挥积极作用，成为重要借力。

2013年，中国领导人首次提出"一带一路"倡议，目的是在共商、共建、共享的原则基础上，通过与沿线国家加强互利合作和互联互通，打造政治互信、经济融合、文化包容的利益共同体、命运共同体和责任共同体。"一带一路"倡议实施至今，已有100多个国家和国际组织表达了积极支持和参与的态度，中国已经同 147 个国家和 32 个国际组织签署共建"一带一路"合作协议。倡议提出以来备受世界瞩目，成为各国竞相研究的重要内容。国际社会在认可其积极意义的同时，也有着不同的看法。对此，中国政府要抓住国际聚焦点，主动设置议题，以国际论坛等形式邀请海外专家、学者及国际人士就"一带一路"倡议进行讨论，在思想碰撞过程中阐述、分析、解读"一带一路"的基础、内容、目的、意义和做法，积极破除误解与疑虑，加深沿线各国对"一带一路"倡议的理解，推动沿线各国在政治、经济、文化等领域的交流与合作。

"酒香不怕巷子深"的时代已经过去。当今中国已与世界紧密联系在一起，中国需要向世界展现真实的自我，世界渴望更好地了解中国，讲好中国故事正是实现这个目标的最好方式。

第五章　中国故事传播战略思考

本章的内容是中国故事传播战略思考，主要从中国故事对外传播战略、中国故事对内传播战略两个方面出发，思考怎么更好地将中国故事进行对内和对外传播。

第一节　中国故事对外传播战略

一、中国故事对外传播要素

（一）主体

随着中国治理理论的勃兴与国家治理现代化进程的持续推进，多元主体协同合作的治理思维正渗透到各个领域。就对外传播领域而言，公共外交理念日益受到国内学界、业界的关注和重视。公共外交强调组织主体的非官方化和个人主体的多元化、社会化。回溯2021年的对外传播工作不难发现，来自各方的多元行动者共同在国际上发声，进一步丰富了对外传播的主体。

1. 对外讲好中国共产党的故事

在公共外交理念指引下，直接对话国外受众、以外国民众之口讲述中国故事成为对外传播的有效策略。为庆祝中国共产党成立100周年，新华社邀请在中国生活了14年的澳大利亚作家、建筑师马克走进上海嘉兴路街道委员会体验基层党组织生活；中国国际电视台邀请众多外国青年"网红"拍摄真人秀《党员初体验——外国"网红"体验基层党员的一天》，实现"破次元壁"的跨文化交流，该节目全球累计观看量超500万人次。海外受众成为中国共产党故事的直接讲述者，以相对客观、理性的"他者"为叙事主体，在一定程度上摆脱了既往对外传播自说自话的桎梏。借国外"意见领袖"之口，客观描述中国共产党的治国理政理念，更能有效增强传播内容的说服力，促进海外公众对中国共产党的理解与认同。

2. 聚合民意扩大国际发声"总音量"

大量事实表明，中国网民的大声疾呼可使得承载民意的舆论浪潮在国际舆论场中发出强大音量，也彰显我国民众在国家利益受到威胁时的团结与强大合力。在国际舆论战愈发成为国家间竞争"无硝烟的战场"的当下，聚合民意的国际舆论斗争方式不失为对外传播的良策。

（二）内容

1. "中国梦"和中国故事

执政理念是国家叙事的灵魂，也是影响国家形象的重要因素。新一代领导人提出的"中国梦"给出了一个完整的想象空间。"梦"带有拟人化的色彩，每个人都会做梦，都有梦想。每个梦都有不同的情节，每个梦想也往往有不同的故事。中国梦的传播，本身就与故事密不可分。

"中国梦"提出后受到各方关注，成为中国对外传播和国家形象塑造的指导思想。"中国梦"的核心内涵是实现中华民族伟大复兴，归根到底是人民的梦，从这个意义上说，"中国梦"与每个中国人的命运、前程和幸福息息相关，其传播必须从"人"的角度出发，注重叙事的人性化和故事化。

（1）分享脱贫智慧：扶贫纪录片的个体叙事与生活实景描绘

我国破除绝对贫困的历史难题、全面建成小康社会，以事实证明中国国家治理的智慧与脱贫攻坚策略的科学性、正确性。针对全球许多国家和地区仍处于贫困阶段的情况，中国秉持人类命运共同体理念，通过向海外推出脱贫纪录片的形式，展示我国脱贫攻坚取得的丰硕成果，分享我国的脱贫智慧，展示出负责任的大国形象。

由新华通讯社、新华社国家高端智库出品的《中国减贫密码》纪录片，在内容叙事方面注重刻画普通百姓的脱贫历程，将关注点落在平凡个体的实际生活中，采用极具烟火气息、饱含人文温度的内容叙事策略，生动描绘出中国人民的脱贫实践，并对驻村干部、建档立卡制度、直播带货助农等极具中国特色的脱贫策略进行了详细介绍。由国务院新闻办公室监制、英国知名导演柯文思执导的纪录片《柴米油盐之上》，聚焦普通民众生活中的脱贫故事，讲述中国人民逐梦小康中寻常但鲜活的百姓故事。纪录片本身就带有较强的真实性，而对外传播聚焦于平凡百姓生活内容的视野进一步拉近了与国外受众的心理距离，使他们感受到中国的脱贫方案并非高不可攀、不切实际。

此外，将普通百姓的真实评价作为对外传播的话语策略，能在一定程度上规避宏大叙事的宣传色彩，亦能直观地反映出党和国家对人民的殷切关怀。

（2）云南"萌"象集体迁移：以动物保护为内容形塑中国良好形象

2021年6月，云南象群迁移现象引起了国际社会的普遍关注。中国国际电视台积极跟进此事件并进行对外报道，在优兔（YouTube）平台上发布多条视频和直播。其中，《直播：那群野生亚洲象在哪里？》和《直播：野生亚洲象在中国西南部继续它们的旅程，它们现在在哪里？》的观看量均超过10万人次，取得了良好的对外传播效果。中国外宣媒体还在对外报道中积极设置国际议程，宣介中国政府在大象迁移路途中对大象和民众的保护举措，呈现了负责任的大国形象。在中国国际电视台直播视频的评论区，国外公众不仅表现出对可爱大象的喜爱，还对中国政府的人道主义关怀、尊重自然的精神赞赏有加。

"萌化"的动物形象淡化了政府主导和宏大叙事所带来的强意识形态色彩，对动物的保护行动结合积极的国际议程设置，共同形塑了以实际行动爱护生态环境的良好国家形象。

（3）国风视听盛宴：传统文化与现代技术并举呈现中华文化精粹

2021年河南卫视春晚的视听节目《唐宫夜宴》，将中华民族底蕴深厚的传统文化元素融入表演的妆容、服饰、道具等内容中，并运用"5G+AR"的技术制造了"令人震撼的视觉效果"。同年6月，河南卫视又推出了水下中国风舞蹈佳作《洛神水赋》（原名《祈》），得到中国外交部发言人华春莹在海外社交媒体平台——推特上的转发。国风浓郁的视听节目在海内外激起强烈反响，证明蕴含着中华历史底蕴的传统精粹在当下依然能迸发出强大而持久的吸引力和感染力。

哔哩哔哩（Bilibili，以下简称"B站"）网站负责人在2021年世界互联网大会上演讲时指出，"截至2021年6月底，B站UP主（uploader）创作的国风类视频数量已超过100万条，过去一年B站国风类视频的观众数量已经达到1.36亿人"。B站作为青年受众群体重要的兴趣社区，该平台内容的特点一定程度上可以反映出当下青年人兴趣圈层的指向。

从《唐宫夜宴》《洛神水赋》在国内外相继"出圈"，到B站平台上国风内容作品愈发得到青年人的青睐和支持，不难看出，中华传统文化的对外传播已具备可供借鉴的优秀范例和极具潜力的传承者和发扬者。未来，我国对外传播的内容制作可以充分依托年轻群体的力量，融合传统文化精粹与现代传播技术，打造出更多能够吸引海内外受众的视听盛宴，并在此过程中不断发掘传统文化底蕴的当代价值，真正实现坚持文化自信，推动中华优秀传统文化走出国门、走向世界。

2. "习式故事"：总书记演讲的故事化

对外交往中，故事化传播也得到积极运用。2013年3月习近平当选国家主席后访问俄罗斯、坦桑尼亚、南非、刚果共和国时，每每发表演讲，都力戒单调枯燥的政治理念宣讲，而是融入轻松、活泼的故事。在俄罗斯，他讲了俄罗斯别斯兰人质事件和中国汶川地震后中俄两国人民相互帮助的故事，细腻、感人。他在俄罗斯演讲时还诠释了"鞋子合不合脚，自己穿了才知道"的"鞋子论"，《莫斯科时报》称习近平总书记使用了"普京喜闻乐见的修辞方式"。在坦桑尼亚，他讲到正在当地热播的中国电视剧《媳妇的美好时代》，引来听众善意的大笑。

爱讲故事的习近平早已被世界认识。"习式故事"将"中国故事"和"中国梦"巧妙地融入各种看得见、摸得着且让人印象深刻的具体故事中，取得很好的传播效果。

3. 中国的世界文化遗产

什么内容既有国际影响力又有中国特色，既牵系中华传统文化和科技发展，又与当代生活密切相关的呢？中国的世界文化遗产就是其中一项。

世界文化遗产承载着灿烂文明，传承着历史文化，从历史、艺术、科学或人类学角度看，包括具有突出的普遍价值的文物、建筑及与人类活动有关的遗址等。这些罕见且无法替代的珍贵财富，是全世界最有价值、最值得全人类共同了解和保护的存在。同时，这些记载和凝聚着人类历史发展的独特遗存承载着各个民族的文化基因，折射着不同民族的精神特质。散落在中华大地的世界遗产，是中华民族千百年的文明和智慧的见证。良渚古城遗址展现了新石器时代长江下游稻作文明的发展程度，实证了中华民族五千多年的文明；中国大运河是世界建造时间最早、使用最久、空间跨度最大的人工运河，是中华民族留给世界的宝贵遗产；明清故宫是世界上现存规模最大、建筑最雄伟、保存最完整的古代宫殿和古建筑群，是中华优秀传统文化无价的历史见证；鼓浪屿见证了经济全球化早期阶段多元文化的交流、碰撞和互鉴，是具有突出文化多样性的国际社区的典范……

更难能可贵的是，本着"保护好、利用好、传承好"的宗旨，文化遗产成为历史文明与当代生活的桥梁，通过文旅融合重回人类社会生活，可望而又可即，真正"活"了起来。文化遗产联结的是先人的智慧、文保人的努力和惠及每一个人的现实互动故事。

二、中国故事传播策略

新媒体时代，传播主体多元化、传播手段多样化的同时，庞杂、海量的信息内容进一步抢占了用户稀缺的注意力资源，使得优质内容的打造愈发成为媒体取胜的重要因素。就我国对外传播而言，如何采用正确的话语表达与叙事策略、依托传统精粹打造优质文化内容是吸引海外受众注意力、讲好中国故事的关键所在。

（一）聚焦"讲的方法"

1. 讲好中国故事需要运用"柔性"策略

根据传播理论，在信息传播与接收过程中，受众具有明显的选择性特征：首先，是选择性接触；其次，是选择性理解和选择性记忆；最后，是选择性行为。如对美国讲述中国故事，先要触发美国受众的选择性接触。无论是对外宣传还是文化交流，要明确是在"讲故事"而不是"讲道理"。对外传播的主要任务是文化交流，就是通过文化交流的方式把中国构建和谐世界的理念传播出去。只有"中国故事"获得美国民众的选择性接触，中国的文化和价值观念才能得到美国乃至国际社会的普遍理解。西藏是我国的少数民族自治区，西方普通民众对西藏心存好奇和向往，但是西方媒体常常戴着有色眼镜报道西藏，导致普通民众形成扭曲印象。如何根据选择性理论恰当地报道西藏，就是我国外宣部门和驻外机构需要思考的重要问题。2020年8月9日，中央广播电视总台国际在线采用图片报道的方式，用1组8张照片记录了8组不同人物的笑脸，群像式地展现了西藏民众今天的幸福生活。作品虽然聚焦"扶贫""奔小康"的主题，但是视觉化的"柔和"报道很好地树立了良好的大国形象，对于回击境外歪曲报道有很好的正本清源作用。

2. 讲好中国故事需要运用"平衡"策略

讲述平衡的中国故事，要注重单纯叙事而不随意增加评论，悬置故事中对人物行为与事件的价值判断，浸润故事中的文化内涵，让外国受众自己解读故事精道要义、评判故事是非对错、体会故事文化大义。否则，跨文化交流就会变得带有"单面说理"的生硬、强迫、陌生，脱离了"润物细无声"的自然、顺畅、亲切。如果故事涉及分析和评论的内容时，需要运用"两面提示""寓观点于材料之中"的方式进行说服性传播；并且需要在适当的时候运用修辞、营造气氛或运用情感色彩强烈的言辞来感染受众。2020年新冠肺炎疫情肆虐全球，为了回击西方对中国的歪曲报道，中国日报网在2020年12月15日发表了题为"'黑脸医生'易凡艰难重生记"的图片报道。文章通过一名中国医生同时也是一名新冠肺炎患者的艰难康复之路，从一个点折射出中国艰辛而成功的抗疫之路。组照以"黑脸医生"易凡为中心，选取了"康复之路"上的几个关键节点，通过标志性的场景和关键性的人物，很好地实践了图片叙事的理念。特别是通过与易凡相关的黑、白、红三种颜色，运用隐喻和象征手法表达了"艰辛""使命""成功"的内涵，整体以小见大，融理念于事件叙述之中。

3. 讲好中国故事需要运用"贴近"策略

对外讲好中国故事必须做到"三贴近"：贴近外国民众的通用语甚至方言俗语、贴近外国民众对中国信息的需求、贴近外国受众的思维习惯。2015年7月，美国皮尤研究中心和奈特基金会所做的联合调查显示，63%的推特用户和脸书用户分别将这两个平台视为其获取新闻的重要来源之一。2015年9月19日，在习近平总书记访美前夕，"习近平主席访美"认证"脸书"并开通专页，到9月29日该专页粉丝量突破100万。对外文化交流，开通推特、脸书的账户、专页就是在传播渠道上贴近美国民众。随着习近平总书记访美活动的深入，该专页贴近美国民众举例子、列数据，用美国用户容易接受的角度和话语体系，通过视频、H5、互动直播等多种形式推送《两位元首的亲密瞬间》等可视化图文，并以西式幽默精心策划推出"We are seriously joking"等系列政治漫画，嵌入公众明星"贝爷"、大众消费XO酒等符号，用西方思维讲述中国故事，生动展现习近平总书记的亲民形象，取得了很好的对外传播效果。贴近美国民众进行文化交流，还需要采用目标城市及周边地区民众熟识的方式来讲述中国故事，运用跨文化传播的思维、策略和方法，用目标地区民众的思维习惯和语言风格来讲述他们感兴趣的故事。通过构建、扩大共识的意义空间，打造传与受之间的最大公约数，来加深彼此之间的相互理解，是中国对外文化交流赖以成立和成功的重要基础。

（二）将故事分层面讲述

1. 对普通民众讲，明晰传播重点

在过去很长一段时间内，我国对外故事传播习惯于走精英路线。比如以为在纽约时代广场的大屏幕上播一条广告或者承包一块大屏幕，就可以影响精英阶层。其实，这部分精英是美国意识形态最为顽固、对中国成见最深、对抗性解读最为强烈的受众群体。因此，外国人讲述中国故事的对外传播需要将战略重点从"精英群体和意见领袖"向草根群体、非政府组织、普通民众转移。

2. 对特定群体讲，进行细分化传播

一方面国际受众具有能动反抗性，另一方面其是由不同阶层组成的。如果笼统地采用一个口径传播，往往众口难调。因此对外讲述中国故事，需要细分外国受众才能实现精准传播。不同的国家有数以万计的城镇，不同城镇的人们接触和使用媒介的环境不同，解读信息的习惯也不尽相同。对此，需要系统性地细分受众，对目标城镇及周边地区不同地域、不同阶层受众的心理诉求、媒介使用习惯和生活方式展开针对性调查，以获取有价值的受众反馈，建立受众分析数据库，进而确立传播策略。这样的外宣和文化交流才有针对性，也才会有好的传播效果。

比如，以美国为例，美国地域广阔，中部内陆和东西部海岸的经济差别大。即便是同在西海岸的加州，高校教职员工和产业员工的文化差异也非常明显。

（三）创新形式

1. 技术赋能下对外传播的数字叙事新景观

美国著名传播学者亨利·詹金斯认为数字叙事的模式有三种：多媒体叙事、跨媒体叙事和交叉媒体叙事。数字技术赋能带来媒介融合程度的进一步加深，进而也衍生出对外传播领域的数字叙事景观。在数字叙事的传播逻辑下，2021年我国对外传播实践在形式上出现了一些有趣的创新。

（1）图形动画（MG）形式：2035年远景目标讲述"动"起来

"十四五"规划和2035年远景目标描绘了今后一个时期我国发展的蓝图愿景。基于此，对2035年各个领域的展望与畅想也成为对外传播的重要内容之一。新华社"中国好故事"数据库发布的动画短视频《下一站，2035》，以外国人使用搜索引擎检索"中国2035"的关键词并成功"穿越"为场景，以动画形式对2035年中国社会的智慧城市、科技生活、社会福利等情况进行了探索性描述和呈现。该视频采用MG动画的形式，用搜索光标元素串联短片，让现在与未来在"Click"声中连接，有力带动了叙事节奏。

动画短视频的传播形式在一定程度上有效解决了对外传播中因文化差异所导致的文化折扣问题，同时能避免空泛的文字说教引发国外受众的抗拒心理，以一种简单化、可视化的内容呈现形式，对外讲述我国的发展目标与美好愿景。

（2）歌词改编形式：中美两国间疫情防控差距"唱"出来

新华社主播"国社小姐姐"根据迪士尼歌曲《后妈茶话会》进行歌词改编，一人分饰两角，以英文歌唱形式讲述中美两国在新冠肺炎疫情防控上的差距。整首歌曲语速较快、节奏紧凑，曾在国内综艺节目《声临其境》中被配音演员翻唱，引发国内观众热议。新华社对此歌曲的改编，在歌词上进行精心设计，在吐槽美国疫情防控不力的同时，也向国际社会介绍了中国在新冠肺炎疫情防控与社会治理中的成功经验与巨大成效，有力回击了美国等西方国家借新冠肺炎疫情对中国的无端指责与抹黑。

在数字叙事的对外传播景观中，传播形式已广泛涵盖文字、图像、声音、视频等多种媒介形态。未来的对外传播实践，亦可以在数字化传播和媒介融合的大背景下进行形式创新，以多样、丰富的传播形态增强海外受众对中国故事的接受度、喜爱度。

2. 运用自媒体传播好中国故事

互联网的普及无疑拉近了现代人之间的距离。现如今，越来越多的自媒体创作者在互联网上崭露头角，他们在民间舆论场上搭建起与海内外民众沟通的基层桥梁，成为中国人民与世界各国人民增进相互了解的重要渠道。

（1）解读受众心理，丰富传播形式

进入21世纪后，互联网和通信技术飞速进步，媒体形态随之日新月异，催生出直播、Vlog、短视频等传播形式。为吸引大众的注意力，自媒体人认真分析解读受众心理需求，通过多样化的形式讲述中国故事。

①以轻松叙事方式对目标受众精准发力

注意力经济下，大部分短视频以分享博主们的身边趣事为主要内容。近年来，不少短视频博主的兴起和走红，都是从自身生活中的日常出发。例如，自媒体账号"原田部长和坂本君"以新媒体短剧的形式讲述了日本人在成都生活遇到的文化差异，其《公司派遣成都公干注意手册》获得了"第二届影像天府·短视频创摄大赛"最佳外文短视频，并在2022年初发布了第二季短视频。他们在日式幽默的轻松写意中发现成都生活的随性姿态与时髦品味之美，短片分别以方言、美食、筷子、酒文化、熊猫、线上支付等生活及文化差异切入讲故事。在笔者看来，他们在讲述故事的过程中，幽默叙述不仅可以获得中国受众认可，讲述视角中的日式思维也能获得日本受众的积极关注，扩大了传播范围，增强传播效果。

②融合多元形式，满足多样化用户需求

作为互联网时代的产物，自媒体本身就具有强聚合性和社交性。例如，自媒体账号"我是郭杰瑞"通过全球化视角对比中美社会文化，受到了中国网民的喜爱，也为其今后的内容创作与变现打下了坚实基础。他甚至为云南咖啡代言，把云南咖啡卖到美国，直接帮助了中国偏远地区的一部分人脱贫奔小康。他不仅会在社交平台上与中国网友保持日常互动，还多次同中国官媒联动进行直播报道。郭杰瑞曾与中国本土媒体携手，面向全球进行跨年直播。在2020年新冠肺炎疫情防控期间，"我是郭杰瑞"向中美两国网友输送了大量视频信息，甚至还与央视新闻频道进行了直播连线。

很多外国人运用这样的方式不但将中国故事讲好了，而且促使中国故事传播范围更广。由此可见，外国人讲述中国故事的策略是丰富多彩的，这方面的渠道和形式也十分多,应该充分把握好这些策略、渠道和形式。

(2)脱口秀融合短视频

如今,脱口秀这种形式已经从国外传到了我国,并在我国发展得如火如荼。这种形式的特点就是以幽默搞笑的方式对一些发人深省的话题进行讨论。这样的方式能够迅速吸引人的关注,帮助人在幽默的氛围中实现精神上的升华。脱口秀和短视频相结合,从而有效地帮助中国故事更好地传播出去。在这方面,司徒建国就做得非常好。他来自英国,运用脱口秀和短视频相结合的方式将他眼中的中国故事很好地传播了出去。在"司徒成为跑完港珠澳大桥全程的世界第一人?"这一期视频中,他将自己的经历和中国建成港珠澳大桥的过程相结合,让外国受众对港珠澳大桥产生了一定的了解。此外,来自英国的新华社外籍记者海伦·本特利同样采用了脱口秀的方式,她在讲到中国改革开放初期的情景时,讲到《星球大战》刚刚在美国播放,时间轴上的对比更能让外国受众感受到改革开放40多年带来的巨大社会变化。

可以说,创新性的方式能够更好地进行对外传播,外国人在讲述中国故事的时候能够更好地运用外国受众能够接受的方式。

(3)对话式的意义联合

对话是人类存在的基本方式。对话不是说服别人,而是通过努力理解他人,转换思考问题的角度,从而发现新的思想。从形式上看,对话的结构是问与答,是倾听与回应。通过对话这个解释模式,利用语言完成"意义的联合"和"使用意义"的交流。

作为一档关注中非热点社会新闻话题的评论型新闻专题栏目,中国国际广播电台斯瓦希里语节目《如是说》采用主持人与两位或三位嘉宾对谈的形式。节目策划团队在当地的斯瓦希里语社交媒体平台上提前征集听众感兴趣的话题,这些议题中既有许多涉及中非交流中的争议性和敏感议题,比如"蒙内铁路再遭环保人士抗议,发展与保护如何平衡引关注""禁止象牙贸易保护野生动物中国在行动""中国留学生在美演讲引发争议,你是怎么理解爱国的?""去非洲做志愿者,自我感动中该如何创造价值?",又包括有关文化、生活方式等非洲听众感兴趣的议题,如"中非做客礼仪的同与不同""联合国发布《世界幸福报告2017》,怎样的生活才算是幸福的生活?""社交媒体上的我们和现实差距有多大?"。通过社交媒体平台上征集来的话题秉承了对话的沟通精神,保证了受众对议题的关注度,从源头上摆脱自说自话的窠臼,真正实现意义的联合。同时,节目编辑在播出后还在社交媒体平台上配以图文发布,继续跟踪受众的反馈,与之持续互动。

外国人讲中国故事既是他者讲述中国故事的学术命题，同时也是一个迫切需要探索的对外传播实践命题。向世界讲述中国故事必然涉及两个不同文化系统的表征碰撞，正如英国学者戴维·莫利所说，文化主体不仅要以他者的角度看世界，还要让他者来寻找我们、影响我们甚至否认我们。与自我讲述的中国故事不同，他者审视下的中国故事讲述不再是自说自话，而是与他者交往建构中的中国故事。通过对中国新闻奖国际传播奖项的分析可以看出，我国官方媒体通过对他者视角叙事思维的引入，在传播主体、传播议题和传播技巧方面都在进行着创新叙事的多重实践。虽然在这些作品中仍然存在单向传播的宣传痕迹，但这样的探索会给未来我国的对外传播实践带来更多启示。而如何从他者视角切入，更加有效地讲述中国故事、建构中国形象，也需要更多理论探索。

（4）充分调动全世界知华友华力量

充分调动全世界知华友华力量，凝聚讲述中国故事的海外人才是十分必要的。习近平总书记强调"要广交朋友、团结和争取大多数，不断扩大知华友华的国际舆论朋友圈"[①]。"双循环"新发展格局下，外国人讲好中国故事要在开放的循环体制下利用好国内、国际两种资源。在华外国人理应成为讲述中国故事的主力军，与此同时，也不能忽视全世界知华友华力量。他们中的很多人既能讲也会讲，对于海外目标受众来说，他们的亲身讲述更具感召力、亲和力和说服力。中国故事不仅要用外语讲，还要用"外嘴"和"外脑"讲，团结在中国有切身生活经验、对中国有感情的外国友人，对于创新中国故事表达方式、建立世界对中国的新认知大有裨益。

历史上以"他者视角"讲述中国故事、促进中外沟通的案例不在少数。比如美国记者埃德加·斯诺的《红星照耀中国》，哈佛大学教授傅高义的《邓小平时代》和美国作家罗伯特·劳伦斯·库恩的《他改变了中国：江泽民传》等。日本导演竹内亮是近年来以外国人视角讲述中国故事的又一代表，他不仅拍摄了《南京抗疫现场》《好久不见，武汉》《后疫情时代》等一系列与中国疫情相关的纪录片，还在2021年以曾经拍摄的纪录片《我住在这里的理由》为基础出版了新书《我住在这里的N个理由》，描述了住在中国的外国人的生活体验。新书一推出，便成为网络热点话题。据香港联合出版集团董事长傅伟中介绍，图书在线预售后，书讯微博推文阅读量超107万，线上累计阅读量近300万，竹内亮也在其微博上分

---

① 新华社. 习近平在中共中央政治局第三十次集体学习时强调 加强和改进国际传播工作 展示真实立体全面的中国[J]. 思想政治工作研究, 2021（6）: 4-5.

享了新书动态，受众群体超 700 万。以"外国人的视角看中国"和"同理与共情"是三联书店发掘竹内亮的内在逻辑，也是此书成为现象级话题的重要原因。该书正是以异域的视角、文化的站位，以人文的而不是政治化的叙述方式讲好中国故事的典型例证。

新发展格局下，外国人讲好中国故事既要以中国阐释为主，又要广泛吸收团结世界力量，这既是讲述主体的创新，也是内容和形式的创新。知华友华的翻译家、作家、学者、政界和传媒界的公众人物，以及各种社会力量既可以以学理化、知识化的方式深入解读中国的伟大事件和宝贵经验，也可以以"接地气"、有亲和力的形式传播源远流长的中华文化和真实有趣的中国生活。充分调动全世界知华友华力量，凝聚讲述中国故事的海外人才，有助于实现中国故事的全球化表达，促使海外受众不仅在客观理性层面认知中国，还在情感精神层面认同中国。

（四）讲述中国故事应遵循的原则

长期稳定增长的国家经济、越来越具有吸引力的壮丽河山、越来越高的开放水平和越来越自信的国民等聚合成的民族复兴和人民幸福的中国梦，既是我们讲述中国故事的基本内涵，又为我们讲述中国故事提供了全新动能，更要求我们在未来必须讲好中国故事。

1. 建立最能代表中国变革和中国精神的经典形象体系

博大精深的中华文化是中华民族独特的精神标识，也是中国形象体系构建的根基。具有中国特色、体现中国精神、蕴藏中国智慧的优秀文化是对外传播推广创新的基础，需要更多地传承融汇到经典形象体系的构建中去。经典形象体系要根植于最深厚的历史文化沃土，要依托最优势的文化资源，要联通最鲜活的时代生活，更要最贴切地呼应世界人民的认知习惯。不仅要突出中国优势，也要有国际视野和共情能力。在总体形象把握上，着重运用传统和现代文化相融相生的符号，既要有中华优秀传统文化，又要有现代中国人民的生产生活风貌；既要体现历史传承，也要反映现代的时尚生活和人间烟火。这样才能够最有效地展示一个立体生动的中国，为推动构建人类命运共同体谱写新篇章。

2. 树立大历史观和大时代观

讲好中国故事，要树立大历史观、大时代观，在把握历史进程和时代大势的基础上，积极强化我国设置议题和优化话语主题的能力。从时代之变、中国之进、人民之呼中提炼话语主题、萃取题材，展现中华历史之美、山河之美、文化之美，抒写中国人民奋斗之志、创造之力和发展之果。在对外传播中注重文化产品形象品牌打造，反映中华民族的千年巨变，弘扬民族精神和时代精神。在推广内容上不仅要形成中国气派和中国风范，还要与国际社会形成共鸣，创造更多的主场发声机会，向世界阐释中国文化、发展理念、优秀成果、和谐声音。

3. 要把目光投向世界和人类

讲好中国故事，要把目光投向世界、投向人类，既要在百年未有之大变局下做好世界经济社会发展的引领者、变革者和推动者，又要踏踏实实当好世界新秩序的建设者。通过深入的媒体业界洽谈、丰富频繁的交流合作和可触可及的发展成果将中国故事用实实在在的行动讲述出来，以此凝结心灵和沟通世界。在与国际社会同舟共济、同声相应和同气相求的高水平交流中，持续构筑和扩大我国的"朋友圈"。

4. 既要坚守原则，又要有灵活的方法

坚守原则就是要坚守中国立场，传播当代中国价值观念，反映全人类共同价值追求。同时要在塑造文化传媒品牌、展示优质文化产品发展成果的过程中注重内容和形式的统一，有历史沉淀，有民族传统，有时代潮流，也要有多样化的模式和丰富的载体。特别要优化传播话语，使用国际传播的语言形式。话语构建应尽可能地展现中国的文化意蕴，同时又能被国际社会理解。在话语形式的选择上要更加规范，动态适应具体语境，综合考察认知、文化、社会等因素，最大限度地避免歧义和消极的词汇联想。"一句话，百样说"，不能"一个版本包打天下"，需要根据各国各地区的社会性质、政策环境和文化传统及相关参与方的文化程度、话语风格与表达习惯等，选择受众能够理解、乐于接受的话语表达方式来阐释当代中国的价值主张、价值立场和价值原则，让他们听得懂、乐于听中国声音和中国故事，不断提升向世界传播中国价值的能力。

5. 重视并熟悉国际受众的认知习惯和趋势潮流

讲好中国故事，要重视并熟悉国际受众的认知习惯和趋势潮流，有所区分和侧重地增强贴近性与对象性。找准当代中国价值观念与国际各方需求及利益的契合点，努力争取"讲故事"的主动权。打破有理说不出、有话传不开的困局，并以此为切入点来提升中国国家形象。要在形式和载体上勇于创新，积极发挥互联网的普遍性、及时性和开放性等优势。积极引入大数据、人工智能、5G、虚拟现实、区块链等技术，发挥这些技术的支撑作用。鼓励新媒体参与，探索新媒体条件下的国际交流合作模式。传播立体、全方位的中国故事，构建灵活多样的传播载体，通过官、产、学、研等多渠道产业集群发挥重要作用。

（五）精选"讲的内容"——讲有吸引力的故事

1. 讲普通人的故事

讲述中国故事不一定非要追求大制作、大场面、大投资，而应将更多目光聚焦于小人物、小细节，讲好普通人的中国故事。以平民化的叙事视角、丰富的叙事元素和精妙的叙事手段叙述百姓生活中发生的故事，揭示出具有普遍意义的叙事主题，表达出普通人的普通情愫。这样的中国故事与外国普通民众具有一定的接近性，从而更容易为他们所接受。李子柒在美国拥有数以百万计的粉丝，单条短视频在美国视频分享网站优兔的播放量就高达4000万人次。其原因就在于这些短视频讲述的是中国传统的乡土生活，采用故事化、专业化、艺术化的手段加以渲染，巧妙地通过错位传播策略描绘了中国乡村的诗意生活，向外国民众构建了一个他们感兴趣、可接受的"他者"中国形象。

2. 讲"外国人"的故事

回想一下当初国人之所以那么关注NBA休斯敦火箭队、德甲法兰克福足球队，是因为这些外国俱乐部有中国的姚明和杨晨，相比外国运动员而言他们跟国人更有接近性。接近性是凸显新闻价值的一个重要元素，能够有效地激发受众的"选择性"注意。对外文化交流一定要有接近性，报道一定要有与国外受众相关的人、相关的地点，也就是说，外国人讲述中国故事的对外传播一定要找准外国人的关注点，比如讲述在中国生活的美国人及在美国生活的中国人。

央视中文国际频道（CCTV-4）《外国人在中国》系列纪录片就充分利用了新闻的"接近性"原则，以个性化的视角充分展示了这些外国人在中国的个人经历、生活状态和人生故事，从而折射出现代中国的发展与变化、开放与包容，很好地展现了中国传统文化和社会发展现状，有效地拉近了外国观众与中国文化之间的距离，很好地实现了对外文化交流的目的。新时代的对外文化交流可以基于这种创作思路，更广泛地关注在中国生活的外国普通民众，更深入地探讨他们在中国生活的"酸甜苦辣""喜怒哀乐"，以"自己人效应"提升媒体文本在外国普通民众中的传播力和影响力。

3. 讲旅游文化故事

外国普通民众一般对中国的旅游、饮食和文化比较感兴趣。讲好中国故事特别强调以自主品牌、电影电视、体育、民俗节庆、美食、旅游资源等多模态叙事为主，积极针对外国普通民众的信息需求，选取他们感兴趣的文化内容，更加接近目标城市和周边地区外国受众的心理、文化需求，用他们有兴趣听、能听得懂的故事和文化来开展国际文化交流、施加传播影响。

外国人大多对中国的旅游、美食和文化感兴趣，其中他们感兴趣的前三个城市依次是上海、西安和北京；他们感兴趣的三个旅游景点分别是西安兵马俑、上海外滩、北京八达岭长城；感兴趣的文化依次是少林功夫等中国武术、饺子等传统美食、剪纸等传统艺术。然而，这些传统题材毕竟数量有限，难以支撑较长时间的持续报道。为此，应该充分挖掘中国的旅游和文化资源，系统性地推介地域和城市旅游文化资源。

三、相关的案例展示

（一）海外"云展演"：歌剧舞剧搭载传统文化进行对外传播

新冠肺炎疫情暴发以来，人与人之间"云端"式交往变得更加频繁，远程办公、线上教学逐渐成为常态。就演出行业而言，"云剧场""云演出"的传播模式也丰富了中国对外传播的渠道。2021年年初，中国歌剧舞剧院推出"舞动中国·中国歌剧舞剧云端演出季"活动，借助海外社交媒体平台向全球观众展演经典舞剧《李白》《孔子》《祝福春天》文艺演出和《春华国韵》民族音乐会，引发海外网友盛赞。疫情减少了"在场"式的人际交往，却也推动了"云交往"模式的勃兴。这种"云交往"模式不受时间、空间的限制，在对外传播实践中具有较强的适用性。"云展演"模式也为中华文化对外传播提供了新的路径，进而启迪其他形式的传统文化，为提升文化自信、促进文化"走出去"提供了新思路。

（二）纪录片出海：政策助推中国纪录片开拓对外传播渠道

为充分发挥优秀国产纪录片在跨文化、跨语境、跨国界传播中的独特优势，中宣部和国家广电总局于2021年8月发布《关于实施中国纪录片对外传播推优扶持项目的通知》，对取得较好国际传播效果的优秀国产纪录片予以扶持奖励。在对外传播中，纪录片因其纪实性、过程性的影像记录品性，更易于构建一个具有真实感的文本结构，获得不同文化背景受众的理解和认同。因此，注重个体叙事、细节描绘，以真实生活为创作素材的纪录片具有较强的真实性、可信度和说服力，能在跨文化传播语境中扩大与国外观众的共通意义空间，为构建真实、立体、全面的中国形象提供重要依托。

（三）大国重器展科技实力：融媒矩阵全方位提升国际传播效果

2021年，神舟十二号、神舟十三号载人飞船相继成功发射，中国载人航天事业取得了举世瞩目的辉煌成就,这成为向世界展示中国载人航天实力、我国新时代科技实力的重要契机。针对神舟十三号圆满发射这一国际性媒介事件,新华社在各重要节点准确、及时地进行了报道,利用"两微一端一网"及"抖快微"等新媒体平台积极做好集纳展示,其报道被海外媒体广泛转引,取得了良好的传播效果。在此事件的对外传播中,我国各级媒体充分发挥全媒体、媒介融合的优势,选取了多个主流新媒体平台进行组合式传播,形成了立体化、全方位、强影响力的报道矩阵,全面向世界展示出我国雄厚的科技实力。传播渠道的组合式运用、矩阵式传播能有效提升国际传播中信息的覆盖率和触达率,进而提升国际传播效果。

第二节 中国故事对内传播战略

一、讲好中国故事与增强文化自信

习近平总书记在主持中共中央政治局第三十次集体学习时强调,要加快构建中国话语和中国叙事体系,讲好中国故事,传播好中国声音,展示真实、立体、全面的中国。文化自信是习近平总书记在中国共产党建党95周年庆祝大会上明确提出来的,成为继道路自信、理论自信和制度自信之后中国特色社会主义的"第四个自信";而讲好中国故事是党的十八大以来党中央强调加强国际传播能力建设的新要求,是对外传播中国文化的重要手段。从外国人讲述中国故事的角度来看,对内传播最重要的一点就是增强中国人民的文化自信。如何全面地把握讲好中国故事与增强文化自信两者间的关系,采取有效策略通过讲好中国故事来增强文化自信,应该成为外国人讲述中国故事的重点。

要进一步强化我国文化自信,就必须通过向外界讲好中华优秀传统文化故事来提升文化涵养,通过讲好中国革命文化故事来彰显我国文化特色,通过讲好社会主义先进文化故事来进一步增添我国文化活力。

(一)通过讲好中华优秀传统文化故事来提升文化涵养

中华优秀传统文化作为中华民族的"根"和"魂",其本身就蕴含着深厚的文化底蕴,为全世界的道德建设提供了宝贵的经验和启示。比如,中华优秀传统文化中所倡导的精卫填海、夸父逐日所代表的锲而不舍的精神,岳飞"精忠报国"的爱国情怀，顾炎武"天下兴亡，匹夫有责"的担当意识，文天祥"人生自古谁无死，留取丹心照汗青"舍生取义的牺牲精神，以及范仲淹"先天下之忧而忧，后天下之乐而乐"的国而忘家、公而忘私的价值理念等，其形成经历了较为漫长的演变和提炼过程，可以称得上是中华优秀传统文化的精髓和命脉。而每种精神的背后又涵盖着丰富的故事题材，每一个故事题材都能够为讲好中国故事锦上添花。

同时，中华优秀传统文化也能够彰显最先进的治国理念，能够为世界各国更好地治国理政提供较为明确的价值导向。比如，中华优秀传统文化所倡导的"天人合一""天下为公"的社会理想，"以人为本""民为邦本"的治国理念，"载舟覆舟""居安思危"的忧患意识，"止戈为武""协和万邦"的和平思想等，能够帮助各国正确地处理好国与国、国与民、民与民之间的关系，能够较好地处理复杂的国际国内社会矛盾，对于和谐社会、和谐世界的构建都有值得借鉴的地方。

（二）通过讲好中国革命文化故事来彰显文化特色

中国革命文化作为中华民族优秀文化的重要组成部分，自身就具有鲜明的时代特征，带有本民族文化独特的历史气息。同时，讲好中国革命文化故事也能够更好地激励一批批中华儿女奋勇向前、不断前进，为早日实现中华民族伟大复兴的中国梦凝聚精神力量。

中国革命文化的形成和发展既源于对我国传统文化的继承，又随着时代的变迁不断丰富发展，形成了诸多宝贵的精神财富。从井冈山精神、长征精神、延安精神、西柏坡精神，到雷锋精神、大庆精神、"两弹一星"精神，到载人航天精神、抗震救灾精神，再到2020年新冠肺炎疫情暴发以来形成的抗疫精神等，这些精神文化的背后蕴藏着无数让人感慨、让人颤抖、让人震撼的中国故事。这些中国故事是独一无二的、不可复制的，自身就彰显着我国革命文化的独有特色。

（三）通过讲好社会主义先进文化故事来增添文化活力

社会主义先进文化既是对中国传统文化和革命文化的批判性继承，也进一步借鉴和吸收了其他民族的优秀文化，具有较强的时代性和先进性，能够为讲好中国故事提供新的素材。

讲好社会主义先进文化故事，能够进一步提升我国文化的知名度，强化我国文化在国际舞台上的影响力，为我国文化实现更好、更快发展增添新的活力。社会主义文化自身就包含着对其他民族文化的吸收和借鉴，自身在传递的过程中也追求现代化、世界化，带有很强的时代感召力和生命力，也必然在与其他文化交流的过程中不断增添新内容、注入新活力，能够较快地适应世界文化发展的潮流，满足国内外人民对我国先进文化的需求。

二、充分利用多种艺术形式讲好中国故事

（一）发挥文学的重要作用

习近平总书记在中国文联十一大、中国作协十大开幕式上的重要讲话中指出："广大文艺工作者要立足中国大地，讲好中国故事，以更为深邃的视野、更为博大的胸怀、更为自信的态度，择取最能代表中国变革和中国精神的题材，进行艺术表现，塑造更多为世界所认知的中华文化形象，努力展示一个生动立体的中国，为推动构建人类命运共同体谱写新篇章。"广大作家和文学工作者围绕如何"用情用力讲好中国故事，向世界展现可信、可爱、可敬的中国形象"展开热议。大家表示要不断追求创作上的自我突破，将文化自觉和文化自信融入创作实践，方能创作出更多彰显中国审美旨趣、传播当代中国价值观念、反映全人类共同价值追求的精品力作。

1. 为新时代文艺的春天奉献姹紫嫣红

在这个伟大的新时代里，处处是精彩的中国故事，需要以春秋之笔去书写、去记录，以激励当今、传之世界、留之后世。我们要像习近平总书记期望的那样，用情用力讲好中国故事，向世界展现可信、可爱、可敬的中国形象，争取用文质兼美的精品力作，为新时代文艺的春天奉献上各自的"青枝绿叶"和"姹紫嫣红"。

文艺的民族特性体现了一个民族的文化辨识度，这让人感到振奋。任何一个少数民族的历史都与整个中华民族的命运血肉相连。各个民族的文学是中国文学大树上繁茂的一枝，做好各个民族的历史和文化传承，便是丰富中华文化、凝聚中国精神、讲好中国故事的最好呼应。相关人员要继续探本溯源，书写本民族的历史，讲好民族融合发展的中国故事。

在网络文学作家看来，中国有着五千年的悠久历史和灿烂文明，有着数不尽的故事和传说可以挖掘，每一个都像明珠一样璀璨。作为网络作家，要保持文化自觉，好好挖掘这座"金山"，讲好中国故事，多创作反映中国价值观和审美旨趣的好作品，并把它们更好地推向海外市场，让更多的外国读者了解中国。

2. 深入挖掘无限丰厚的时代资源

习近平总书记的重要讲话高瞻远瞩，从中华民族伟大复兴的历史纵深和世界

发展大势的宏阔视野，擘画了我国文艺繁荣和文化强国之路，为文艺创作和文艺工作提供了根本遵循。作家和艺术家应当树立大历史观、大时代观，厚植人民情怀，把艺术创作向着波澜壮阔的国家与民族的发展进程敞开，向着丰富鲜活的社会生活敞开，将个体之"小我"不断融入人民之"大我"，深入挖掘无限丰厚的时代资源，从时代之变、中国之进、人民之呼中萃取题材，创作出更多彰显中国审美旨趣、反映人类命运共同体价值追求的优秀作品。

习近平总书记的重要讲话字字珠玑、句句铿锵、声声入耳，向文艺工作者提出了为时代和人民放歌的殷殷嘱托，特别是关于"用情用力讲好中国故事"的号召，给文艺工作者以充足的自信、无穷的力量、喷薄的灵感。要讲好中国故事，必须把中国放到世界历史的纵轴上和当今世界的横切面上，让世界了解真实、生动、立体、可信、可爱、可敬的中国，更好地展示中国价值、中国担当、中国智慧、中国道路，以及中国为构建人类命运共同体所做出的卓越贡献。

3. 以中国故事反映全人类共同价值追求

博大精深的中华文明是中华民族独特的精神标识，是当代中国文艺的根基。中国经验、中国智慧、中国故事有着上下五千年的历史纵深，当代中国的文艺工作者要向世界展示中华历史之美、山河之美、文化之美和创造人类文明新形态之壮美，努力挖掘中华优秀传统文化中的思想观念、人文精神、道德规范，把艺术创造力和中华文化价值融合起来，把中华美学精神和当代审美追求结合起来，从而激活中华文化的生命力。

习近平总书记号召文艺工作者创作更多彰显中国审美旨趣、传播当代中国价值观念、反映全人类共同价值追求的优秀作品，这是对文学高峰的呼唤。文学作家要积极响应，敬畏经典、学习经典、创作经典，握牢手中的笔，精益求精、永不懈怠，以作品中饱满的中国旨趣和丰富的人类共同价值滋润读者的心灵。

无论是博大精深的中华文明还是中国人民坚毅的奋斗精神，都是文艺工作者创作中最好的灵感来源。作家在创作时应深入宝贵的中华文明深处，既要走向人群，刻画中国人民的真切情感，也需融合新科技，创新艺术表达形式，借鉴人类文明优秀成果，以创作出更多优秀文艺作品为使命，助推新时代文艺事业的发展。

习近平总书记在阐释如何讲好中国故事时为其赋予了新的使命，那就是把中国故事讲给整个人类，从而推动构建人类命运共同体，谱写新篇章。新时代的文艺工作者要以更深邃的视野、更博大的胸怀、更自信的态度书写最能代表中国变革和中国精神的作品。

（二）创作体现中国审美品格的作品

除了文学外，音乐、舞蹈、影视等艺术形式也是对内传播的重要方式，在讲述中国故事中有着不可忽视的重要作用。为了促使中国故事的对内传播取得良好的效果，还需要切实利用好这些方式，创作体现中国审美品格的作品，更好地讲好中国故事。比如，辽宁芭蕾舞团是我国三大芭蕾舞团之一，是中国舞坛一颗璀璨的明珠。自1980年建团以来，创作出大批优秀芭蕾舞剧，其中包括中国题材芭蕾舞剧《梁山伯与祝英台》《嘎达梅林》《孔雀胆》《二泉映月》《末代皇帝》《花木兰》《八女投江》《铁人》，以及《天鹅湖》《斯巴达克》等多部世界经典芭蕾舞剧。建团42年来，辽宁芭蕾团一直在探索芭蕾艺术的民族化发展之路，致力于从中国传统文化中挖掘素材，将芭蕾艺术与中国舞蹈相融合，重点排演反映地域文化、体现中国品格的原创舞剧作品，屡获国内外大奖，在海内外有着很高的美誉度。辽宁芭蕾团应邀赴五大洲巡演原创芭蕾舞剧，以"芭蕾"这一具有国际性的艺术语言向世界讲述中国故事。因此，在外国人讲述中国故事的过程中，相关主体可以积极探索类似的方式，帮助中国故事得以更好传播。

1. 案例：辽宁芭蕾舞团讲述中国故事的经验

（1）探索芭蕾民族化之路——创作体现中国审美品格的芭蕾作品

在辽宁芭蕾舞团建团的前十年，改编文学名著、民间故事成为其舞剧选材的主要途径，创作出芭蕾舞剧《梁山伯与祝英台》《嘎达梅林》《孔雀胆》等，获得普遍认可。这一阶段，辽宁芭蕾舞团对芭蕾民族化的探索体现在芭蕾舞剧选材的思想性、故事性等方面，不断探索故事内容是否适合以芭蕾形式展现，人物形象、故事情节能否舞蹈化。经舞蹈家不断求索，选取《梁山伯与祝英台》进行创作，这个民间故事符合舞蹈化的标准，适合排演芭蕾舞剧。《梁山伯与祝英台》以芭蕾抒情化的艺术语言，演绎出地道的中国民间故事，体现出中国传统文化的审美特征与独特魅力。时任辽宁芭蕾舞团团长张护立撰文称："努力学习、借鉴外国的芭蕾艺术，包括芭蕾舞各种创作方法、表现方法，是芭蕾民族化建设所必须进行的基本工程。学习与借鉴不等于模仿，更不能替代自己的创造。好的借鉴应该是'借他人之体还我之魂'。"此后，辽宁芭蕾舞团又以芭蕾舞剧《孔雀胆》亮相"首届全国舞剧观摩演出"，受到更广泛的肯定。

1990年以来，辽宁芭蕾舞团以更加自信的姿态，进一步探索中国芭蕾民族化之路。这一时期的代表作包括《二泉映月》《末代皇帝》《白蛇传》。其中最具影响力的作品，当属大型芭蕾舞剧《二泉映月》。为打造精品，编剧李宝群修改剧本 20 遍。该剧首演后大获成功,荣获"第二届全国舞剧观摩演出优秀剧目奖",入选"2006—2007 年度国家舞台艺术'精品工程'"并获评"十大精品剧目"。

编导门文元根据同名二胡独奏曲的两个主题、五次变奏的结构方式,编导出由"湖边琴恋""古府长恨""月下炽爱""天地悲歌"四幕组成的芭蕾舞剧《二泉映月》。这部舞剧巧妙地将听觉艺术转换为视觉艺术,使观众深刻地体悟到二胡名曲《二泉映月》的由来,以及作曲家坎坷的人生与不屈的人格。这部芭蕾舞剧实现了两个突破:首先,舞剧主人公是一位盲人,在中国芭蕾舞台上,让双目失明的民间音乐家成为主角,这对于芭蕾舞剧创作是一次巨大挑战。其次,《二泉映月》首次实现了欧洲芭蕾与中华民族音乐经典的交汇。不同于《天鹅湖》《睡美人》等欧洲芭蕾与交响乐相交织的编舞手法,芭蕾舞剧《二泉映月》是根据中国经典民乐作品的乐曲结构与艺术风格创编故事情节的,从本质上说就是从中国传统文化中汲取养分进行芭蕾舞剧创作。关于这一创作历程,时任辽宁芭蕾舞团团长王训益感慨道:"每当回首那十年的创作之路,我既欣慰又遗憾。欣慰的是,我们全身心投入创作出一部芭蕾舞剧《二泉映月》;遗憾的是,我们只创作出一部芭蕾舞剧《二泉映月》。"十年磨一戏,《二泉映月》已成为中国芭蕾中的里程碑式作品。

(2)挖掘本土素材——以芭蕾语汇在世界舞台讲述中国故事

2012 年至今,辽宁芭蕾舞团连续创作大型芭蕾舞剧《辽河摇篮曲》《八女投江》《花木兰》《铁人》及舞蹈作品《茉莉花》等。这些作品对革命历史题材与当代英模题材不断进行探索,努力打造具有浓郁地域特色的原创芭蕾作品。2018 年 7 月,辽宁芭蕾舞团原创芭蕾舞剧《花木兰》首演,舞蹈界对该剧的评价是:芭蕾舞剧《花木兰》姓"芭"也姓"花"。团长曲滋娇表示,舞剧《花木兰》在创编过程中努力探索"中国芭蕾如何走向世界,如何向世界讲好中国故事"。该剧在美国、加拿大、毛里求斯、津巴布韦等国家成功巡演,为"中国芭蕾如何走向世界"提供了诸多有益启示。

首先,该剧深入挖掘中国传统文学中适合舞蹈化的素材,准确找到了芭蕾艺术的典雅品格与花木兰高尚情操之间的契合点,因而得以用芭蕾语汇向世界述说中国故事。其次,就舞剧的情境营造而言,该剧做到了以舞演剧、剧在舞中。编创者融舞蹈风格的多样性、舞蹈氛围的情态化和舞蹈叙事的多重性于一体,以极其丰富的舞蹈表现手段与情态化叙事方式跨越国界,传播中国故事。辽宁芭蕾舞团始终把握中国芭蕾艺术独特的风格,不断探索将中国舞蹈艺术与芭蕾相融合,综合运用多舞种进行编舞,使其作品在全国乃至世界舞坛独树一帜。编导王勇、陈惠芬与辽宁芭蕾舞团合作了三部舞剧，在芭蕾舞剧《八女投江》中，根据剧情需要，二位编导恰到好处地运用了东北秧歌、朝鲜族舞蹈等具有地域特色的舞蹈，表现东北各族人民的生活场景。这样的编舞方式使得这些舞段展现出中国舞蹈艺术的韵味，呈现的舞蹈本体仍然是芭蕾。芭蕾舞剧《花木兰》中的中国元素运用得更加充分，将中国古典文学《木兰诗》中的意境以芭蕾的表现手法加以提炼、演绎，中国古典文化之美跃然芭蕾舞台之上。2021年辽宁芭蕾舞团创排的《铁人》更加大胆地将中国古典舞、民族舞、现代舞进行大幅度融汇，舞蹈与剧情结合得更紧密，舞种的融合更具逻辑性。

由于所创芭蕾舞剧独具中国特色，辽宁芭蕾舞团在世界舞台上讲述的中国故事更具吸引力。一方面辽宁芭蕾舞团坚持推出原创芭蕾舞剧，另一方面积极邀请多国芭蕾艺术家合作排演世界经典芭蕾舞剧。2013年、2014年，辽宁芭蕾舞团邀请俄罗斯芭蕾艺术家格里戈罗维奇联合制作演出芭蕾舞剧《斯巴达克》《罗密欧与朱丽叶》。2017年、2018年，辽宁芭蕾舞团邀请葡萄牙编导联合创作现代芭蕾舞蹈作品《化蝶》《无词歌》，将古典芭蕾和现代舞创新融合，一方面从独特的角度赋予中国传统故事以新意，另一方面也是对芭蕾艺术发展潮流的探索和尝试。2017年，辽宁芭蕾舞团邀请芭蕾艺术家马拉霍夫为其量身定制世界第25版芭蕾舞剧《天鹅湖》。此外，辽宁芭蕾舞团还与美国、法国、德国、南非等国芭蕾舞团及编导合作创作作品，为中国芭蕾艺术的国际交流做出了有益的尝试与探索。

2017年10月，芭蕾舞剧《八女投江》应邀赴俄罗斯演出，备受好评。俄罗斯观众以长达十几分钟的热烈掌声向中国女英雄致敬，向艺术家们致敬。由此，辽宁芭蕾舞团走出国门弘扬中国精神的信心倍增。2019年8月，辽宁芭蕾舞团赴美国、加拿大进行国际巡演，演出《花木兰》等作品，在世界舞台上开启了讲述中国故事之旅。此次巡演成功入选中宣部"文化走出去"重点项目，以高度的文化自信赢得外国观众的热烈好评。从2020年开始，辽宁芭蕾舞团尝试全新的"组合式文化交流"，用"芭蕾+文创""芭蕾+非遗"等形式开启文化交流新模式。

2. 相关案例对于外国人讲述中国故事的启示

（1）对内讲，面临知识消费需求转型升级的现实状况

随着新技术的迅猛发展，知识生产的来源更加多元，用户知识消费的选择增多，外国人在讲述中国故事的过程中面临更加激烈的国内市场竞争。近年来，各类付费知识平台和问答平台的兴起，使知识生产和传播日益呈现场景化、社交化和即时性的趋势。因此，充分利用多种渠道成为外国人讲述中国故事在新技术背景下争取主动权的关键举措。

根据"2020年新冠肺炎疫情影响下的出版行业发展报告",疫情的暴发进一步加速了传统产业的数字化转型和融合发展的步伐。这一方面是由于疫情对传统产业链各环节产生了较大现实冲击,另一方面也源于受众消费习惯和消费需求的变化,比如疫情催生的"宅经济"让更多读者养成了数字阅读的习惯。作为中国网民主力军的"Z世代"有着对网络文学的较大热情,正加速占领网络文学领域,越来越多的读者开始选择有声书和广播剧的形式进行文化消费等。

新技术引领下国内用户知识消费需求的转型升级对外国人讲述中国故事提出了更高的期待和需求,国内市场的现实变化也是构建外国人讲述中国故事对内传播新发展格局的重要驱动因素。鉴于此,深化供给侧结构性改革,在内容质量、表达、推广等方面提升供给体系对国内需求的适配性,是新发展格局下外国人讲好中国故事的重要任务。

(2)增加优质产品供给,引发中国故事的全民探究热潮

近年来,一系列反映中国特色社会主义道路、理论、制度、文化优势的优质文化产品涌现,收获了众多国内用户的关注和好评,比如《习近平谈治国理政》(第三卷)中英文版出版发行后在全国各地的新华书店热销,引发读者强烈反响;反映马克思主义在中国的早期传播历程和中国共产党创建历程的优秀主旋律电视剧《觉醒年代》实现了口碑与收视率的双赢;河南卫视的《唐宫夜宴》和《端午奇妙夜》凭借对中国传统文化的创意表达获得成功。这些作品的走红说明国内受众对优质文化产品有着巨大需求,中国故事具备广阔的国内市场。

鉴于此,外国人讲述中国故事可以进一步完善匹配国内需求的供给体系,增加反映中国特色社会主义道路、理论、制度、文化优势的优质产品供给,满足人民群众日益提升的高品质文化消费需求。一方面,回应广大人民群众对优质文化产品日益增长的需求和期待,扩大国内文化消费市场,是构建外国人讲述中国故事对内传播新发展格局的题中之义;另一方面,对内讲好中国故事,让国内的民众爱读爱看,对中国的道路、理论、制度、文化保持自信、真信,是对外讲好中国故事的基本前提。

近年来,聚焦中国特色社会主义道路、理论、制度、文化优势的主题出版物的经济效益和社会效益不断提升,但仍存在一系列亟待解决的问题。比如,内容建设上以"理论性、学术性"为主,通俗易懂的作品不太多;产品创新方面,外国人讲述中国故事的形态相对单一。如果想进一步引发中国故事的全民探究热潮,一方面,要在选题策划上体现中国精神,选择有学理支撑的高品质主题传播物,着力于中国话语体系的构建;另一方面,也要注意激发和满足广大群众的需求,

如在少儿和大众主题方面发力,创新传播形式,推出更多通俗易懂的主题传播物,并联动影视剧、音视频移动产品等,丰富中国故事的多元表达形式,营造良好的全民探究氛围。

(3) 创新中国故事的表达呈现和营销推广形式

新科技革命的深入发展为文化产业的转型升级提供了机遇,科技创新决定着文化产业链的发展深度和高度。2020年,习近平总书记在考察湖南马栏山视频文创产业园时指出,文化和科技融合既催生了新的文化业态、延伸了文化产业链,又集聚了大量创新人才,是朝阳产业,大有前途[1]。当下,人们面临着"文化+科技"的新风口,科技赋能成为创新中国故事表达和推广形式的重要推手。更需值得注意的是,讲好中国故事既涉及产品的生产、流通、消费各环节,也关联旅游、影视、动漫等多行业,因此畅通国内大循环,打破行业壁垒、实现跨界联动和融合十分必要。

一些企业近年来利用文化科技融合创新中国故事表达形式,形成了一批典型案例。例如,2012年与澳大利亚方面合作出版的大型画册《中国 – 新长征(一次沿着历史之路见证中国巨变的摄影之旅)》采用增强现实技术,将音视频通过扫码技术融入图书阅读过程。又如,2017年,在完成《云冈石窟全集》首次纸质出版后,青岛出版集团联合云冈石窟研究院和多家高校等采集数据建成数据库,运用虚拟现实、3D打印等先进技术等比例复制了云冈石窟3号窟。其在青岛城市传媒广场亮相后,两个月内便吸引了数万人前来参观体验。

除创新故事表达形式外,外国人讲述中国故事也要意识到利用线上直播和短视频等新媒体形式进行营销推广的重要性。外国人讲述中国故事,一方面要以文化为主,注重文化内涵和文化价值的深入挖掘;另一方面也要加强跨界融合,建立文化主动应用科技和科技主动服务文化的协同创新机制和跨界交流机制。

三、讲好中国故事需要注意的问题

对内传播和对外传播是讲好中国故事的两个关键,本书通过以上论述对讲好中国故事进行了深入的分析。总的来说,讲好中国故事需要注意的问题是非常多的,尤其要注意以下几点。

---

[1] 岳月伟,李学仁. 习近平在湖南考察时强调:在推动高质量发展上闯出新路子谱写新时代中国特色社会主义湖南新篇章[N]. 人民日报,2020-09-19.

（一）利用民间机构和人士，做好公共外交

人是讲故事的行为主体，来往穿梭于外国各地的留学生和访问学者是讲好真实生动的中国故事最为活跃的传播主体。当然，其他赴海外的中国人也可以承担这样的任务，有时甚至不用刻意去做文化交流使者，只要广交外国朋友就可以了。中国企业家讲述中国经济建设中的品牌塑造故事，留学人员讲述中国留学生放眼看世界的游学故事，出国旅游人士讲述有关中国民间社会生活、文化习俗和生态文明的故事，医疗卫生及其他援建人员讲述中国"一方有难、八方支援"的乐于助人的故事，各类国际峰会、文化节、论坛等讲述中国经济社会发展、优秀传统文化传承与创新、各民族团结奋斗的故事等。

（二）利用外国本地的平台和媒体，做好合作宣传和本土传播

坚持合作传播，用外国民众熟悉且经常使用的本地平台讲中国故事。通过与外国传统主流媒体、网络媒体和社交媒体合作，运用"借船出海""借筒传声"的策略，把让"自己讲"和请"别人讲"有效结合起来，从而实现讲好中国故事的目的。一方面，可以通过购买外国传统主流媒体和影响力大的网络、社交媒体的版面和时段，登载或广播适合目标区域的"中国故事"，传播好"中国声音"；另一方面，可以请这些媒体机构的编辑和记者到中国观光、采访，通过切身体验和现场报道的方式向他们的外国受众传递中国见闻和社会发展状况。

坚持本土化传播有两个前提：第一是母语传播，我国的外宣部门和驻外机构可以出思想、提要求，但是具体的文本制作需要由掌握当地母语的华裔和其他友好人士完成；第二是叙事方式的本地化，中外民众的思维方式不同，兴趣爱好也有差别，对外文化交流要正视这种差异，用"软报道"替代"硬宣传"，用"个性化故事"替代"宏大叙事"，用低语境文化的"简约美"替代高语境文化的"含蓄美"。

（三）通过活动和事件营销，以"借蜂传粉"的方式讲好中国故事

通过举办文化活动，吸引特定目标城市及周边地区的民众参与；通过在外国设置展览、竞赛、美食文化节等新闻事件，吸引本地区的媒体加以报道。无论是活动营销还是事件营销，都能在潜移默化中讲好中国故事，传播好中国声音，正所谓"你若芬芳，蜜蜂自来"。2019年中秋节当天加州斯托克顿市的一个中秋庆祝活动，参加者大多数为居住在该市的华裔美国人，也有部分来美的中国人和少量当地社区的美国白人。组织方为当地华裔商会，活动参与人数比较多，社会影

响比较大，并且持续多年举办，已经成为当地社区的一个文化特色活动。活动当天，当地多个社区媒体的记者来到现场，和华人一起尝月饼、抽大奖，持续报道这次中秋庆祝活动，起到了很好的中美文化交流作用。又如，2021年3月，服饰品牌海恩斯莫里斯（H&M）官网一则关于停用新疆棉花的声明引发国内舆论关注。随后，国内多名艺人宣布与耐克（nike）、飒拉（zara）、阿迪达斯（adidas）等抵制新疆棉花的品牌解约，进一步扩大了事件的影响力。"新疆棉花"事件反映出国外公众对中国新疆维吾尔自治区、对中国民族政策的误解，此类不实舆论在国际上的传播与扩散会对中国国际形象造成贬损，亟须我国予以有效回应并及时澄清事实真相。基于这样的国际舆论背景，中国国际电视台主持人刘欣实地探访新疆采棉基地，推出"欣疆之行"系列报道，真实还原新疆社会及民众生活的实际情况，反击"强迫劳动"等不实言论。中央广播电视总台央视多语种融媒平台协同发力，编译发布相关系列报道，通过网站、客户端、海外社交媒体等渠道进行广泛传播并获得多家境外主流媒体转引、转载，有力引导了国际涉疆舆论。可以看出，实地探访、还原真相的对外传播策略，能够更为直观、真实地对外呈现我国社会生活的现实图景，以一种具备事实依据的、强说服力的方式粉碎不实谣言、澄清误解，进而更加有效地引导国际舆论，维护国家形象与国家利益。

（四）打造"网红"工作室，培养有全球影响力的国际舆论"意见领袖"

为在国际舆论斗争中掌握更多话语权从而占据有利地位，新华社于2020年底为"90后"记者徐泽宇专门设立了工作室，徐泽宇的个人账号已经成为目前粉丝规模最大的我国中央媒体记者个人账号。在2021年"两会"期间，针对西方各大媒体扎堆拍摄我国武警战士、刻意制造对华"阴间滤镜"的现象，徐泽宇发布了系列行进式报道及评论，引起巨大反响，在国际舆论中为中国媒体圈粉无数。打造"国际网红"记者工作室的对外传播策略，进一步丰富了我国回击国际负面舆论、有效开展国际舆论斗争的实践经验。在对外传播中，不同于外交部发言人、政府新闻发布官员等带有官方背景的职业角色，个体化的"民间意见领袖"能够更加自由、大胆地开展国际舆论争辩，以另一种方式发出中国强音。这一策略区别于既往国际传播偏宏大叙事的方式，更易于得到海外受众的接纳与认同。

总之，只有做好策略创新、多措并举，才能共同优化中国故事传播实践新路径。传播策略作为指导中国对外传播实践的理念与方法，具有极大的现实意义。要提升我国的软实力，必须科学制订先进、正确的传播策略，有效回应国际关切，积极引导国际舆论，主动争取国际话语权，为我国的发展稳定营造有利的舆论环境。

参考文献

[1] 王金伟，李梁. 高校"形势与政策"教育话语体系创新研究［M］. 上海：上海大学出版社，2017.

[2] 刘瑞生，王井. "讲好中国故事"的国家叙事范式和语境［J］. 甘肃社会科学，2019（2）：151-159.

[3] 陈兰芝，仇永民. 论高校思想政治理论课"讲好中国故事"的价值意蕴与实践理路［J］. 思想理论教育，2019（5）：64-67.

[4] 刘亚琼. 习近平关于"讲好中国故事"的五个论断［J］. 党的文献，2019，（2）：17-23.

[5] 陈先红，宋发枝. 讲好中国故事的融合叙事策略［J］. 新闻与写作，2019，（5）：43-47.

[6] 林建辉. 讲好中国故事：新时代高校思想政治理论课的重要使命［J］. 思想理论教育导刊，2019（5）：117-120.

[7] 张铤. 讲好中国故事的时代价值与传播策略［J］. 中国出版，2019（13）：54-57.

[8] 王昀，陈先红. 迈向全球治理语境的国家叙事："讲好中国故事"的互文叙事模型［J］. 新闻与传播研究，2019，26（7）：17-32.

[9] 王庆福，张红玲. 纪录片国际传播中"他者叙事"的跨学科思考［J］. 现代传播（中国传媒大学学报），2019，41（9）：125-129.

[10] 阮静. 文化传播背景下讲好中国故事的原则和策略［J］. 西南民族大学学报（人文社科版），2017，38（5）：178-184.

[11] 楚树龙. "中国故事"与中国的国际形象［J］. 现代国际关系，2015（9）：37-42.

[12] 苏仁先. 讲好中国故事的路径选择［J］. 中国广播电视学刊，2016（2）：43-45.

[13] 叶枝梅. 浅析对外交流如何"讲好中国故事"［J］. 现代国际关系，2016（9）：39-45.

［14］徐占忱．讲好中国故事的现实困难与破解之策［J］．社会主义研究，2014（3）：20-26．

［15］刘子曦．故事与讲故事：叙事社会学何以可能——兼谈如何讲述中国故事［J］．社会学研究，2018，33（2）：164-188．

［16］陈曙光，杨洁．中国故事与中国话语［J］．湖北社会科学，2018（4）：29-33．

［17］段淳林，林泽锟．基于品牌叙事理论的中国故事体系建构与传播［J］．新闻与传播评论，2018，71（2）：71-84．

［18］季海君，林于良．论新时代思政课讲好中国故事的实践理路［J］．苏州科技大学学报（社会科学版），2019，36（6）：11-15．

［19］马珂琦，许门友．新时代高校讲好中国故事的内容定位与路径选择［J］．中国高等教育，2019（20）：43-45．

［20］梁建业．试析高校思政课如何讲好中国故事［J］．学校党建与思想教育，2020（18）：52-54．

［21］丁秋玲，张劲松．融媒体视域下对外讲好中国故事的叙事建构［J］．学习论坛，2020（12）：12-19．

［22］王敏，王令瑶．中国故事的传播中介、传受偏差与传声纠偏：以在华留学生为中介的研究［J］．新闻记者，2020（12）：56-68．

［23］师蔷薇．习近平"讲好中国故事"思想研究［D］．太原：太原理工大学，2016．

［24］宋学清．“新乡土写作”的发生：新世纪长篇乡土小说研究［D］．长春：东北师范大学，2018．

［25］刘静．讲好中国故事在传播社会主义核心价值观中的作用研究［D］．武汉：华中师范大学，2017．

［26］袁亮杰．叙事视角下中国故事的传播与建构探究［D］．北京：国际关系学院，2017．

［27］张晓丹．中国故事的现代动漫表达［D］．扬州：扬州大学，2016．

［28］胡清宇．政治传播背景下讲好中国故事与国家形象塑造研究［D］．广州：华南理工大学，2019．

［29］陈冠合．讲好中国故事的叙事策略研究［D］．南京：南京大学，2020．

［30］刘堉楠．"讲好中国故事"的实践探索与理论思考：以党的十八大以来部分中国新闻奖获奖作品为例［D］．武汉：湖北省社会科学院，2020．